Parceria com o site McFLY Addiction

McFLY

Edição especial para fãs

São Paulo
2013

UNIVERSO DOS LIVROS

Diretor editorial
Luis Matos

Editora-chefe
Marcia Batista

Assistentes editoriais
Bóris Fatigati
Raíça Augusto
Raquel Nakasone

Preparação
Melina Marin

Revisão
Ana Luiza Candido
Mariane Genaro

Redação
Babi Dewet
Fernanda Cristina Pereira
Francine C. Silva
Jessica de Oliveira Pereira
Lívia Magalhães Ferreira
Mayara C. M. de Moura
Rodrigo de S. Sobral
Silvia Yumi F. K.

Arte
Francine C. Silva
Karine Barbosa

Capa
Zuleika Iamashita

1ª edição - 2013

Dados Internacionais de Catalogação na Publicação (CIP)
(Câmara Brasileira do Livro, SP, Brasil)

W259a McFly Addiction

McFly – Edição especial para fãs / McFly Addiction. – São Paulo : Universo dos Livros, 2013.
144 p.

ISBN 978-85-7930-355-5

1. McFly (banda). 2. Biografia. 3. Música pop.
I. Título.

CDD 782.421660922

Universo dos Livros Editora Ltda.
Rua do Bosque, 1589 - Bloco 2 - Conj. 603/606
Barra Funda - São Paulo/SP - CEP 01136-001
Telefone/Fax: (11) 3392-3336
www.universodoslivros.com.br
e-mail: editor@universodoslivros.com.br
Siga-nos no Twitter: @univdoslivros

Sumário

1

McFly
Uma história de sucesso

MESA
MESA
ENGINEERING
MAH

Apresentação do McFly no Nickelodeon Kids' Choice Awards do Reino Unido em 2008.

Jon Furniss/WireImage

O início

Em meados de 2002, um garoto chamado Thomas Fletcher soube de uma audição para uma nova banda que estava sendo formada pela *NME* (*New Musical Express*, uma revista britânica de música publicada semanalmente desde março de 1952). Thomas ficou entre os dois finalistas para fazer parte da aposta Busted, mas infelizmente – ou felizmente – sua participação no grupo não deu certo.

No entanto, o produtor gostou tanto de Tom que o chamou para compor músicas para a banda Busted com um dos vocalistas, James Bourne. Em algumas oportunidades, Tom também ajudava filmando audições. Foi durante uma dessas audições para formar uma *boy band* com o nome V que os produtores e Tom Fletcher conheceram Danny Jones.

Jones não tinha ideia de que participava de uma audição para uma nova *boy band*, uma formação popularmente conhecida como um conjunto de rapazes bonitos que dançam e cantam, sem que nenhum deles toque algum instrumento. Ele acreditava estar participando de uma audição para uma banda de rock. Danny chegou aos testes com seu violão nas costas. Seu som agradou aos produtores que, além de tudo, simpatizaram com o jeito de Danny. Naquele dia, Danny Jones se juntou aos compositores da banda Busted, nascendo assim uma forte amizade entre eles.

Após terminarem o projeto com Bourne, Tom e Danny se juntaram e começaram a compor. Como a casa de Tom era em Londres, Danny, que morava em Bolton, tinha de pegar um trem todo dia para se encontrar com o amigo e trabalhar nas composições. Por conta de toda a dificuldade que passava e por não saber se o sacrifício valeria a pena, Danny, em uma dessas viagens – sempre muito longas –, compôs "Not Alone", que mais tarde se tornaria uma das músicas mais inspiradoras e aclamadas do álbum de estreia do futuro McFly.

Na época, Tom e Danny também trocavam CDs por correio, na tentativa de facilitar a comunicação entre eles. Um deles compunha, tinha uma ideia, gravava e enviava para o outro que, por sua vez, dava uma opinião e devolvia com outra ideia e outro disco. E assim seguiram por algum tempo.

Depois de tantas viagens, Danny e Tom se reuniram com executivos da Universal Music para mostrar seu trabalho e, enfim, assinaram um contrato com o selo Island Records.

No verão daquele mesmo ano, a gravadora colocou os dois em um hotel, onde ficaram por cerca de dois meses, para que pudessem trabalhar em suas composições. A primeira música escrita por Danny e Tom no hotel para a futura banda – sem a ajuda do amigo James Bourne – foi "Room On The 3rd Floor", cuja inspiração surgiu justamente daquele ambiente e do quarto que ficaram hospedados. O mesmo nome foi dado ao primeiro álbum da banda.

Enquanto moravam no hotel e compunham praticamente o primeiro álbum inteiro, Tom e Danny chegaram até a procurar outros membros para a banda, mas nenhum dos candidatos chamava a atenção do jeito que os dois desejavam.

Um tempo depois, colocaram um anúncio na revista *NME* sobre um novo grupo que estava à procura de mais dois membros para completar sua formação. Foi então que Harry Judd e Dougie Poynter entraram em cena.

Harry Judd, um jovem que veio de uma família da classe alta britânica, depois de alguns testes, preencheu a vaga de baterista. Nessa época, Dougie Poynter tinha apenas quinze anos e estava tão nervoso que chegou a vomitar minutos antes de entrar na audição. Mesmo assim, ele foi o escolhido para preencher a última vaga na banda.

Foi assim que, entre julho e agosto de 2003, o McFly formou-se oficialmente como um grupo. Os integrantes passaram então a morar juntos no norte de Londres. O nome foi escolhido em homenagem ao personagem Marty McFly do filme *De volta para o futuro*, um dos prediletos de Tom. Danny concordou depois de ver "D. Jones" escrito em uma cena do filme.

McFly na festa de lançamento do álbum *Motion In The Ocean* em Londres.

Martin Doyle/FilmMagic

Primeiros trabalhos e aparições públicas

O primeiro trabalho do McFly como grupo foi a gravação com o Busted de um *cover* da música "Build Me Up Buttercup", do The Foundations. Essa gravação fez parte do single "Crashed the Wedding", lançado pelo Busted em setembro de 2003.

O McFly começou a ficar conhecido quando saiu em turnê, junto com a *boy band* V, para abrir os shows do Busted. Havia uma amizade muito forte entre eles. Foi o Busted que introduziu o McFly em sua primeira participação na TV, no programa *CD:UK*, em 6 de dezembro de 2003. Nesse evento, os garotos apresentaram pela primeira vez "5 Colours In Her Hair", a música que se tornaria o primeiro single.

O lançamento oficial foi em 29 de março de 2004, e o single atingiu o primeiro lugar das paradas britânicas, com a impressionante marca de mais de 49 mil cópias vendidas somente na primeira semana.

Em junho do mesmo ano, o segundo single da banda, "Obviously", foi lançado e também chegou o topo das paradas, tendo vendido mais de 42 mil cópias na semana de lançamento.

O álbum de estreia, *Room On The 3rd Floor*, veio logo depois, no dia 5 de julho de 2004, e colocou o McFly no *Guinness World Records* como a banda mais jovem a ter o álbum de estreia em primeiro lugar e a ganhar dois discos de platina.

Faixas como "That Girl" e "Room On The 3rd Floor", ambas do álbum de estreia, foram produzidas como músicas de trabalho e, mesmo não chegando ao primeiro lugar, tiveram boas colocações nas listas britânicas.

E as notícias boas não pararam por aí: o clipe de "5 Colours In Her Hair" teve um ar jovem e divertido e, durante sua gravação, abriu as portas para que o McFly concedesse sua primeira entrevista ao famoso programa britânico *Popworld*. Na época, ter cinco cores no cabelo virou moda. Esse videoclipe também era cheio de referências aos ídolos da banda. Uma delas é uma cena em que os garotos atravessam a rua na faixa de pedestres, imitando a capa do disco *Abbey Road*, dos Beatles.

O McFly nunca escondeu que tinha o quarteto de Liverpool no topo de sua lista de ídolos. Muitas faixas de *Room On The 3rd Floor* deixaram isso bem claro. O single "Obviously" foi lançado junto a um *cover* da música "Help", e todas as faixas do primeiro CD têm um "quê" do estilo dos anos 1960, além de muitos "ba-da-ba-da" e "do-doo-do-doo" que foram mais do que o suficiente para marcar o McFly como a nova febre adolescente, a histeria de uma época, quase como os Beatles foram um dia.

Outras inspirações explícitas dos rapazes são Blink-182 (para Dougie), Bruce Springsteen (para Danny), The Used (para Harry), e The Beach Boys (para Tom). Prince, Michael Jackson, Queen e The Who – os três últimos chegaram a ganhar *covers* do grupo – são nomes que também influenciaram as primeiras produções do McFly.

McFly pelo mundo

Tendo o primeiro álbum como alavanca, o McFly disparou e conquistou o mundo. Já no começo era difícil acompanhar todos os eventos que os rapazes participavam e todos os shows que faziam. Os programas *CD:UK* e *Popworld* foram os pioneiros e os "padrinhos" do grupo no que diz respeito a aparições na TV. Foram eles que apresentaram todos os singles ao vivo e acompanharam as gravações dos primeiros clipes da banda, lançando os vídeos.

Em 2005, os meninos da banda fizeram sua estreia como atores, aparecendo em um episódio da série britânica *Casualty*. E, em julho do mesmo ano, o McFly foi um dos grupos convidados a participar do *Live 8*, uma série de shows que teve como objetivo principal pressionar os líderes mundiais a perdoarem a dívida das nações mais pobres do mundo. Os rapazes foram a única banda a tocar em dois países: Japão e Escócia. O evento foi transmitido para várias partes do mundo e foi lançado um *box* de DVD com os shows.

McFly lançou, ainda em 2005, o single "All About You/ You've Got a Friend", com o propósito de doar todo o dinheiro arrecada-

McFly toca em Tóquio (Japão) durante o *Live 8*, em 2005.

Koichi Kamoshida/Getty Images

do com as vendas para a Comic Relief, uma organização britânica de caridade que utiliza o riso como arma contra a miséria. O single atingiu o topo das paradas inglesas (e também irlandesas) e foi o mais vendido da banda até hoje.

Antes de lançar o segundo álbum, *Wonderland*, em agosto de 2005 – que também ficou em primeiro lugar entre os mais vendidos –, o single "I'll Be Ok" foi lançado separadamente e também chegou ao topo.

Após o lançamento do álbum completo, a banda escolheu a música "I Wanna Hold You" como faixa de trabalho. Foi o sexto single da banda a ficar entre as três primeiras posições das paradas.

O último single de *Wonderland*, intitulado "Ultraviolet/ The Ballad Of Paul K", atingiu apenas o 9º lugar, mas mesmo assim o álbum ganhou um certificado de platina e uma turnê para divulgação. Essa turnê gerou o primeiro DVD da banda: *The Wonderland Tour* (2005). O material foi gravado na famosa arena de Manchester, a MEN Arena, e teve seu lançamento no dia 28 de novembro de 2005.

Em 2006, a América abriu um pouco os olhos para o McFly após o lançamento do longa-metragem *Sorte no Amor* (*Just My Luck*). No filme, que teve como protagonista a atriz Lindsay Lohan, os garotos interpretaram eles mesmos, como uma banda britânica tentando fazer sucesso nos Estados Unidos, cujo empresário era interpretado por Chris Pine. O filme estreou em 4º lugar nas bilheterias dos Estados Unidos e arrecadou cerca de 5,5 milhões de dólares na semana de lançamento. A bilheteria mundial foi de 38 milhões de dólares.

A intenção por trás da participação no filme era que a banda começasse a ficar conhecida também no continente americano, e foi nessa época que a base de fãs na América do Sul cresceu e a divulgação em países como o Brasil ganhou uma nova cara.

A trilha sonora, lançada em maio de 2006, foi uma coletânea de faixas do primeiro e do segundo álbum do McFly. Intitulada *Just My Luck*, a trilha continha uma música inédita homônima, feita especialmente para o filme, e uma nova versão de "5 Colours In Her Hair".

Essa coletânea marcou o crescimento internacional do McFly, sendo o primeiro CD da banda a ser vendido em diversos países, inclusive no Brasil.

O primeiro single do McFly naquele ano foi "Please, Please". A faixa foi inspirada no breve affaire entre Harry e a atriz Lindsay Lohan durante as gravações do filme *Sorte no Amor*. Esse single, que também continha o *cover* de "Don't Stop Me Now", do Queen, colocou o McFly de volta ao primeiro lugar das paradas.

"Please, Please" foi seguido por "Star Girl", single que continha uma música do ainda não lançado terceiro álbum e mais uma faixa bônus cantada pelo baixista Dougie Poynter ("Silence Is a Scary Sound"). Este trabalho também ficou no topo da lista britânica.

O terceiro álbum de músicas inéditas, intitulado *Motion In The Ocean*, foi lançado em novembro de 2006 e rendeu um disco de ouro. O álbum trouxe um McFly enérgico e cheio de influências do rock dos anos 1970, como o som do já citado Queen. Dele saíram mais dois singles. "Sorry's Not Good Enough/ Friday Night" foi lançado ainda em 2006 e alcançou o terceiro lugar. A faixa "Friday Night" fez parte da trilha sonora do filme *Uma Noite no Museu*. O outro single, "Baby's Coming Back/ Transylvania", foi o primeiro trabalho do McFly em 2007 e proporcionou à banda, pela sétima vez em sua carreira, o primeiro lugar nas paradas britânicas.

Quarto álbum de estúdio e Super Records

No final de 2007, a banda lançou sua segunda coletânea, intitulada *All The Greatest Hits*. O álbum, que rendeu um disco de ouro, continha os maiores sucessos da carreira do grupo e mais três faixas inéditas. Uma delas era "The Heart Never Lies", que já havia sido lançada sozinha anteriormente e conseguido o terceiro lugar das *top lists*. Essa coletânea foi o segundo CD do McFly vendido no Brasil.

Somente em julho de 2008, depois de uma longa viagem à Austrália, que a banda lançou seu quarto álbum de inéditas. *Radio:ACTIVE* foi o primeiro álbum do McFly lançado sem o selo Island Records.

No anúncio em que falavam sobre o novo álbum e sua própria gravadora, a Super Records, a banda declarou que não concordava com algumas decisões da antiga gravadora (como o lançamento da coletânea) e, por isso, havia decidido sair e lançar o novo álbum com a empresa recém-criada. Mesmo sem descartar a hipótese de ter outras bandas como parceiras, eles garantiram que naquele momento estavam focados em seu novo álbum.

Radio:ACTIVE foi distribuído gratuitamente para quem comprasse o jornal britânico *The Mail* em um domingo, no dia 20 de julho de 2008. Essa ação tinha o propósito de alcançar um público além de sua base de fãs da época.

Cerca de dois meses depois, a versão *deluxe* de *Radio:ACTIVE* foi lançada com quatro faixas adicionais, um DVD e um livreto de 32 páginas. Uma versão mais simples foi produzida para o Brasil em outubro do mesmo ano.

O primeiro single do novo álbum foi "One For The Radio", uma canção de estilo revolucionário que fala sobre a crítica musical, atingindo o segundo lugar nas paradas. "Lies" veio em seguida e teve um dos clipes mais caros da carreira deles, ficando na quarta posição no Reino Unido.

Logo depois, foi lançado o single "Do Ya/ Stay With Me", feito para o *Children in Need* – um programa anual do Reino Unido para ajudar uma instituição de caridade. Esse se tornou o primeiro single da banda que ficou fora dos dez primeiros da lista, atingindo apenas a 18ª posição.

No Brasil, a canção "Falling In Love" foi lançada como single promocional, tocando em diversas rádios do país. A música "Lies" fez parte da novela *Caminho das Índias* e do CD de trilha sonora internacional. "Do Ya" passou a integrar a segunda trilha internacional de *Três Irmãs*. As duas novelas eram criações da Rede Globo. Para completar, "Falling In Love" foi tocada durante a exibição do *reality show Big Brother Brasil*, da mesma emissora.

Esse CD resultou na turnê *Radio:ACTIVE Tour*, que, por sua vez, deu origem a um DVD que chegou à primeira posição entre os mais vendidos do Reino Unido. O DVD *Radio:ACTIVE Live At Wembley* também foi lançado no Brasil.

Foi nessa época que a banda veio ao Brasil pela primeira vez, apresentando-se em Curitiba, São Paulo e Rio de Janeiro nos dias 5, 9 e 10 de outubro de 2008, respectivamente. A procura na cidade de São Paulo foi tão grande que um show extra no dia 8 de outubro teve de ser aberto.

Apenas sete meses depois, em maio de 2009, a banda anunciou o retorno ao Brasil para realizar oito shows em sete cidades diferentes: a maior turnê do McFly no Brasil até agora.

"Star Girl" no espaço

Em 2009, o McFly realizou mais um de seus sonhos. Talvez Tom tenha enviado uma mensagem despretensiosa no Twitter ao dizer que gostaria que uma de suas canções – mais precisamente "Star Girl" – fosse tocada no espaço a bordo de uma nave espacial. Mas seus fãs levaram o pedido bastante a sério. Foi quase imediatamente que o Twitter oficial da NASA (National Aeronautics and Space Administration – agência espacial dos Estados Unidos da América) começou a ser bombardeado com centenas, milhares, talvez milhões de mensagens pedindo que a empresa atendesse ao pedido de Tom.

Era começo de maio quando uma fã resolveu enviar a mensagem que mudou o rumo dessa história. Depois de ver a ideia de uma amiga, que pedia para as pessoas começarem a utilizar a tag #stargirlinspace (#stargirlnoespaço), a fim de que a marca entrasse nos Trending Topics (lista de assuntos mais comentados no Twitter), Lívia Magalhães, da equipe do site McFly Addiction, resolveu enviar uma mensagem em inglês a Tom, que dizia: "@tommcfly O que você acha de começarmos a postar #stargirlinspace para que entre nos Trending Topics? É mais fácil para a @NASA ver".

Inesperadamente, a NASA viu aquele tweet. A resposta veio minutos depois e dizia o seguinte: "@lihmf7 & @tommcfly. Nós notamos os tweets e o interesse em #stargirlinspace e estamos pensando bastante no que fazer. Continuem atentos!".

A partir de então, iniciaram-se as negociações. Um funcionário da NASA, Robert Jacobs, mandou uma mensagem para Lívia, dizendo que o gerente de multimídia entraria em contato com Tom para conversar sobre algumas ideias. Em seguida, Robert mandou um tweet para Tom, pedindo que ele enviasse um e-mail ao responsável pela área que escolhia as músicas na empresa, Bertram Ulrich.

Sem ter como se certificar de que sua mensagem e a de Robert seriam vistas pelo guitarrista, Lívia enviou mensagens a familiares dos membros do McFly, que também estavam na rede social, e recebeu uma resposta da mãe de Tom. Juntas, as duas alertaram o garoto e o colocaram em contato direto com Robert Jacobs. Ele ficou surpreso quando finalmente viu as mensagens.

Tom entrou em contato com o pessoal da NASA e então passou a negociar com eles por e-mail e telefone, como contou na entrevista concedida ao McFly Addiction, durante sua estadia no Brasil, em maio de 2009.

Os meses se passaram sem que mais nada fosse anunciado. A cada lançamento de uma nave espacial, havia a expectativa de que a música fosse tocada para acordar os astronautas, como já é de costume durante as missões da NASA, mas isso não aconteceu. Houve um momento, inclusive, em que Robert contou a Lívia que, se os astronautas tivessem permanecido mais um dia no espaço durante aquela missão, a música teria sido tocada.

Quando outubro se aproximou, Lívia resolveu insistir mais um pouco na ideia e voltou a falar com Robert, enviando uma mensagem em que questionava em que pé estavam as negociações e se a música ainda seria tocada. No dia seguinte, 14 de outubro, a NASA foi ao Twitter divulgar que "Star Girl" seria tocada no espaço, durante uma conferência que foi chamada de ISS (International Space Station – a estação espacial internacional) Tweetup. A mensagem dizia: "'Star Girl' do McFly vai ser tocada no espaço! A equipe da estação irá ouvir a música durante o ISS Tweetup de 21 de outubro". Os fãs entraram em euforia no Twitter, e todos os membros da banda comemoraram o fato em seus perfis, dizendo o quanto aquilo significava para eles.

No dia 21 de outubro de 2009, a NASA realizou uma conferência que foi transmitida ao vivo por seu site oficial. Ao final do encontro – que reunia profissionais da NASA, alguns "twitteiros" e astronautas que estavam a bordo de uma das naves em missão naquele momento –, a música "Star Girl" foi tocada, após o apresentador relatar brevemente todo o movimento gerado pelos fãs do McFly na rede social.

Naquele dia, não apenas o nome da música ficou entre os assuntos mais falados do microblog, como também seu vídeo foi destaque por conta das visualizações no YouTube.

Após esse marco na história da banda, Tom Fletcher permaneceu em contato com Robert Jacobs e outros funcionários da NASA e, alguns meses depois, foi convidado, com sua família, a visitar a base da empresa em Washington, Estados Unidos. Lá, ele conheceu renomados astronautas, aprendeu detalhes importantes sobre a história da empresa e pôde até mesmo acompanhar um lançamento ao vivo.

Um McFly diferente

No dia 1º de novembro de 2010, a banda ativou o Super City, um site de relacionamento apenas para seus fãs, com acesso a fotos, vídeos e outros materiais exclusivos para quem pagasse a assinatura da página. O quinto álbum de estúdio do McFly, *Above The Noise,* foi disponibilizado nesse endereço. O álbum marcou uma mudança radical no estilo musical do McFly e também a volta da banda ao selo da Island Records.

Above The Noise é o disco mais pop dos garotos, tendo como um de seus produtores Dallas Austin, famoso por colaborações em discos de artistas como Britney Spears, Madonna, Michael Jackson, TLC e Pink.

O álbum, que ganhou certificado de prata, tem onze faixas, dentre elas os três singles lançados oficialmente: "Party Girl", "Shine a Light" e "That's The Truth". Nenhum deles atingiu as primeiras posições no Reino Unido.

Por conta da divulgação antecipada, "Party Girl" teve um dos videoclipes mais aguardados pelos fãs. O vídeo é como um trailer de um futuro curta-metragem vampiresco, intitulado *Nowhere Left To Run*, que foi lançado no final daquele mês no site e em DVD. Também foi o primeiro clipe a ser exibido em primeira mão para os assinantes do Super City.

Ao longo dos anos, as mudanças e os imprevistos nesse meio artístico são mais do que esperados. Depois de tanto sucesso e revelação de talentos, as garotos tiveram de noticiar algo que preocupou muito os fãs. Em março de 2011, a banda anunciou que o baixista Dougie Poynter estava em reabilitação. Os fãs ficaram sabendo do ocorrido pelos outros integrantes da banda, pelo microblog Twitter, mas, antes disso, a banda tinha divulgado que em maio daquele ano haveria uma turnê do novo álbum, *Above The Noise*. Harry, Danny e Tom acalmaram a todos, dizendo que o baixista estaria totalmente recuperado antes de a turnê começar.

Após a recuperação do músico, a banda voltou ao Brasil, em maio de 2011, com a turnê do *Above The Noise*, para se apresentar em quatro cidades, abrindo mais uma vez uma apresentação extra em São Paulo.

Ainda em maio, o McFly decidiu abrir as portas de sua intimidade aos fãs. Depois da criação do Super City e de expor seu dia a dia nas redes sociais, a banda resolveu lançar também uma série na qual era possível acompanhar e se aproximar ainda mais de suas experiências profissionais e pessoais.

Dividido em seis episódios com aproximadamente vinte minutos cada, o documentário intitulado *McFly On The Wall* foi veiculado no canal britânico Channel 5 e estreiou no dia 11 de maio de 2011. Os fãs puderam acompanhar tudo que acontecia na vida dos integrantes da banda, desde seu sucesso em cima dos palcos até seus problemas pessoais mais profundos.

O primeiro episódio já deixou claro que o McFly não tinha intenção de esconder nada do público. Depois de uma pequena recapitulação das experiências anteriores da banda, foram mostradas entrevistas, shows e como eles enfrentaram os rumores de que Dougie estava deixando o grupo.

Além da apresentação do McFly em um evento dos Jogos Olímpicos, que aconteceria em Londres no ano seguinte, os fãs também puderam acompanhar a viagem de Danny para sua cidade natal, Bolton, e outros eventos intimistas. Porém, o que mais marcou os telespectadores foi quando o capítulo de estreia da série mostrou aos fãs como a banda reagiu quando a notícia de que Dougie estava na reabilitação vazou para a imprensa.

Na semana seguinte, no segundo episódio do documentário, foi possível acompanhar a banda durante entrevistas ao rádio, tardes de autógrafos e apresentações em programas de TV, ainda sem a presença de Dougie, que continuava na clínica de reabilitação Priory. Mostrando um pouco do lado pessoal da banda, Danny levou as câmeras para dentro de sua casa e filmou até mesmo sua festa de aniversário, deixando à mostra o que gosta de fazer em seu tempo livre. O episódio terminou com a volta de Dougie e sua readaptação.

No dia 25 de maio, foi ao ar o terceiro episódio do *McFly On The Wall*, no qual a banda preparava os últimos detalhes para a turnê *Above The Noise*, e Dougie tentava acompanhar o ritmo e compensar os ensaios que havia perdido enquanto esteve internado. Após seu retorno, o baixista também teve de enfrentar diversas entrevistas e perguntas íntimas sobre seus sentimentos e sobre o que o havia levado à reabilitação. Sempre com muito humor, os rapazes contornavam as situações tensas e foram filmados brincando nos quartos de hotéis e, é claro, divertindo-se em cima do palco quando a turnê finalmente começou.

O quarto episódio da série, veiculado no dia 1º de junho, foi dedicado quase totalmente à vida pessoal dos rapazes. Depois de mostrar algumas apresentações feitas pela banda e de Tom abrir as portas de seu espaço de criação musical, expondo seu caderno de letras e desenhos, os garotos foram filmados embarcando em uma viagem de barco em comemoração à decisão de Tom de pedir sua namorada de longa data em casamento. Danny, Harry e Dougie cozinharam e até armaram uma pegadinha para Tom antes de o companheiro chegar.

Depois de diversas brincadeiras e muito divertimento no passeio de barco, Dougie foi filmado tentando escolher o presente de casamento de Tom. Porém, o pedido à Giovanna não foi gravado, pois o guitarrista pediu que fosse um momento mais íntimo para o casal.

Uma semana depois, o Channel 5 exibiu o penúltimo capítulo do documentário. Nele, a banda registrou sua visita à Espanha e a recepção dos fãs no aeroporto e na porta do hotel, o que Danny considerou uma reação parecida à "Beatlemania" (como ficou conhecida a paixão de fãs pelos Beatles, que gritavam, choravam e se descabelavam ao entrarem em contato com a banda). Sempre muito brincalhões, eles mostraram também o que faziam nos bastidores dos shows, como se divertiam nas horas vagas e uma visita a uma praia espanhola.

Finalmente, no dia 15 de junho, foi ao ar o episódio final de *McFly On The Wall*. Depois de apresentar os diversos lados do McFly, foi o momento de mostrá-los em cima do palco, em um supershow realizado na arena de Wembley, em Londres. Frente à responsabilidade de se apresentarem para milhares de pessoas, inclusive seus familiares, os garotos deixaram transparecer seu nervosismo e mostraram um pouco do que acontece no camarim antes de subirem ao palco. Depois do show, eles ganharam uma festa para descontrair. No final, o documentário se encerrou com uma recapitulação dos principais pontos do que havia sido mostrado.

No entanto, o *McFly On The Wall* não foi o único programa do qual a banda fez parte em 2011. O segundo semestre daquele ano foi bastante cheio para o grupo, que também apareceu em outros eventos televisivos, principalmente em competições e *reality shows*. Os mais marcantes foram o *Strictly Come Dancing*, uma competição de dança com artistas e profissionais; *I'm a Celebrity... Get Me Out of Here!*, um *reality show* que testa o limite e a resistência de celebridades, deixando-as isoladas em uma selva australiana; e *The Cube*, um programa de perguntas e respostas em que o artista pode arrecadar dinheiro para alguma instituição de caridade.

Harry Judd impressionou a todos com seu talento secreto e ganhou a competição de dança, enquanto o baixista Dougie Poynter se tornou o "Rei da Selva", após vencer o programa de resistência que continha provas como comer partes de um porco (e outras coisas não muito agradáveis). Tom Fletcher foi quem participou do *The Cube*, arrecadando dinheiro para duas instituições de caridade.

Naquele ano, o vocalista Danny Jones focou bastante em seu gosto pela música eletrônica, começando a tocar como DJ em algumas casas noturnas da Inglaterra. Anteriormente, em 2010, ele havia participado de um programa de competição de ópera chamado *Popstar to Operastar*, do qual foi eliminado na quarta semana.

O novo velho McFly

Em 2012, a banda se dedicou a produzir seu sexto álbum de estúdio e à turnê intitulada *Keep Calm and Play Louder*. Rodando pelo Reino Unido com uma seleção musical jamais ouvida, inclusive com músicas muito antigas e que nem foram lançadas oficialmente, a banda tocou algumas das faixas que supostamente estariam no novo álbum. O McFly anunciou o fim da gravação do sucessor de *Above The Noise* em junho desse ano.

Os garotos retornaram ao Brasil, em setembro de 2012, para tocar no Festival Z, que foi realizado no Rio de Janeiro e em São Paulo, com bandas como Hot Chelle Rae, Demi Lovato e The Wanted, e impressionaram os fãs com a nova seleção, com apenas duas músicas do último álbum. Tocaram também "No Worries", música que nunca foi lançada em nenhum CD no Brasil, mas sempre foi pedida pelos fãs do país.

No dia 11 de outubro de 2012, foi lançado, no Reino Unido, a autobiografia da banda, chamada *Unsaid Things... Our Story*. No livro, eles contam os detalhes da infância, a formação da banda, os problemas que enfrentaram e as inspirações para as músicas. Por meio dos relatos, conhecemos muito mais sobre cada um deles.

Os lançamentos para novembro de 2012 foram cheios de novidades e lembranças. No dia 18 foi lançado o single "Love Is Easy". Já no dia 26 chegou às lojas a coletânea *Memory Lane: The Best of McFly*, com algumas músicas novas como "Love Is Easy", "Do Watcha" e "Cherry Cola".

No dia 8 de dezembro o canal britânico ITV levou ao ar o programa especial *The McFly Show*, que teve por volta de uma hora de duração. Os meninos do McFly estavam vestidos com ternos combinando e em um cenário planejado para parecer um apartamento de um prédio, do qual o comediante Al Murray era o proprietário.

Alguns momentos dos integrantes da banda foram relembrados, como as participações de cada um em *reality shows*, e Tom tocou no seu ukelelê rosa "Where Is Love", do musical Oliver!, em que atuou quando criança.

Já Harry apresentou uma pegadinha com um toque brasileiro. Nela, os outros três integrantes não sabiam que era tudo armado. Durante uma entrevista com fãs para um suposto programa brasileiro, o entrevistador fazia perguntas que deixaram os garotos desconfortáveis ao ponto de Harry abandoná-la. É claro que tudo foi esclarecido depois.

No último quadro, os fãs deliraram com os membros da banda dançando. Harry com a atriz Chelsee Healey (que competiu contra ele no *Strictly Come Dancing*), Danny com uma boneca e Tom com o Dougie vestido de mulher. Esse momento, que começou com um tango, terminou com todos fazendo a coreografia da música "Gangnam Style", do cantor PSY.

O McFly ao longo do programa tocou alguns de seus maiores sucessos ao vivo. Começaram com "5 Colours In Her Hair", passando por "Shine a Light", um *medley* de "Obviously" e "All About You", o *cover* de "Don't Stop Me Now", do Queen, e, para fechar, fizeram uma performance de "Star Girl". O campeão olímpico de boxe Luke Campbell, a atriz Michelle Keegan e o apresentador e DJ Pat Sharp, que estava caracterizado como um abajur, também participaram do programa.

Super City, o site oficial interativo

Os integrantes do McFly são grandes adeptos das redes sociais, principalmente no que diz respeito ao contato com os fãs. Apesar de o Twitter ser o mais utilizado por eles, alguns também possuem contas no Tumblr e no YouTube, além de redes de compartilhamento de fotos, como o Instagram.

Notando a importância de se manter acessível e, principalmente, por dentro das inovações tecnológicas, a banda resolveu, em 2010, criar sua própria plataforma de troca de informações: o Super City ("supercidade").

A ideia do Super City, como o nome já indica, era criar uma espécie de cidade virtual, na qual seria possível conhecer outros fãs, compartilhar experiências e descobrir novidades sobre a banda, por meio de músicas, vídeos, fotos e até mesmo alguns jogos. Além disso, os primeiros fãs a realizarem o cadastro pago receberiam o título de *Pioneer* ("pioneiro"), com algumas vantagens em relação aos outros cadastrados.

Depois de vários meses de preparação e com uma grande equipe trabalhando sem parar, o site foi colocado no ar no dia 1º de outubro de 2010. O que os garotos do McFly não esperavam era que o servidor contratado por eles não fosse suficiente para aguentar a quantidade de fãs disputando para conseguir os 20 mil títulos de *Pioneer*. Por problemas técnicos, eles tiveram de adiar o lançamento oficial do Super City, que foi colocado no ar definitivamente, e dessa vez mais bem equipado, no dia 1º de novembro do mesmo ano.

Aberto a qualquer pessoa que queria visitar como um *Day Tripper* ("viajante do dia") – sem necessidade de registro –, o Super City foi anunciado como o site oficial da banda, no qual todas as informações (calendário, anúncios, lançamentos) seriam divulgadas.

Para os fãs mais apaixonados, foram disponibilizadas opções de cadastro, divididas entre perfis gratuitos, como *Tourist* ("turista"), ou pagos, como *Citizen* ("cidadão"), que podiam ser anuais ou mensais. Assim, o site passou a ser um ponto de encontro, utilizado também pela própria banda a fim de facilitar sua comunicação com os fãs. Além dos conteúdos exclusivos – como documentários, demos e fotos nunca publicadas –, o McFly também passou a realizar chats on-line e a trocar mensagens com sua base de fãs.

Além disso, os *Pioneers* tinham vantagens em relação aos outros fãs. Indicados por um avatar com asas ao redor da fotografia, os pioneiros obtiveram privilégios, entre outras coisas, como filas preferenciais em shows, compra de ingressos, e, em alguns lugares, até mesmo com um *Meet & Greet* (breve encontro com a banda).

Para comprovar as vantagens de se cadastrar em seu site, o McFly lançou, no dia 15 de outubro de 2010, o curta *Nowhere Left To Run* exclusivamente para os usuários do Super City mais de um mês antes de seu lançamento oficial nas lojas do Reino Unido. O mesmo aconteceu com seu último álbum de estúdio, *Above The Noise*, que foi disponibilizado em primeira mão para os cadastrados no site, no dia 1º de novembro de 2010, enquanto o lançamento oficial só foi acontecer no dia 15.

Após completar um ano de existência, no dia 11 de outubro de 2011, o Super City passou por uma mudança e voltou ao ar com uma versão 2.0, mais leve, mais limpa e mais prática, utilizada atualmente.

As opções de cadastro ou renovação – para aqueles que já tinham tido seu primeiro cadastro de um ano vencido – passaram a ser divididas basicamente em três modalidades. A assinatura anual e a mensal continuaram na mesma base anterior, aberta a usuários britânicos ou de qualquer outra nacionalidade. Porém, foi acrescentada a opção de assinatura anual *plus*, exclusiva para residentes do Reino Unido e do resto da Europa, com vantagens acima das demais, como *Meet & Greet* e acesso a tardes de autógrafos.

Mais uma mudança foi realizada no dia 1º de novembro de 2012. Todos os cadastros a partir dessa data tornaram-se gratuitos e agora todos os fãs podem aproveitar o conteúdo completo do Super City sem distinções.

Prêmios

O McFly vem se destacando em premiações desde 2004, quando despontou ao conquistar diversos prêmios.

Em 2 de julho daquele ano, a banda britânica teve seu primeiro sinal de reconhecimento e sucesso com o disco de ouro para o single "Room On The 3rd Floor". Já o álbum homônimo ganhou disco de platina duplo pela BPI (British Phonographic Industry) e foi com ele que o recorde de banda mais jovem a ter o álbum em primeiro lugar foi quebrado, desbancando os Beatles. No mesmo ano, em 16 de setembro, a primeira premiação veio do Walt Disney Awards como Revelação, e foi em 21 de novembro que os meninos saíram vitoriosos do Smash Hits Awards, com cinco prêmios: Melhor Banda do Reino Unido, Melhor Álbum por *Room On The 3rd Floor*, Melhor Vídeo por "That Girl", Estrelas do Ano e Homem Mais Desejado, conquistado pelo vocalista e guitarrista Danny Jones.

No ano de 2005 o álbum *Wonderland*, o segundo lançado pelo McFly, ganhou disco de platina no Reino Unido. A banda também detonou na premiação da revista teen *Smash Hits*, novamente como Melhor Banda do Reino Unido, Melhor Single por "All About You", Melhor Álbum por *Wonderland* e Homem Mais "Agarrável" (mais uma vez, mérito para Danny Jones). Porém, foi em 9 de fevereiro que a banda foi consagrada com o prêmio musical mais importante do Reino Unido: o Brit Awards (ou simplesmente Brits). Equivalente ao Grammy Awards nos Estados Unidos, o troféu foi para o McFly

Recebendo o prêmio de Melhor Show Pop no BRIT Awards de 2005.

Dave Hogan/Getty Images

como Melhor Show Pop. A reação surpresa e emocionada dos garotos ficou registrada em vídeo e na memória dos fãs, que estavam acompanhando a banda desde o início e viam o futuro de sucesso que os aguardava.

Provando que o grupo permanecia no caminho certo, em 2006 vieram os prêmios de Melhor Website para o McFlyManiacs, Melhor Banda e Homem Mais Desejado – dessa vez para o baixista Dougie Poynter – entregues pelo Virgin.net Music Awards, em 21 de novembro. Além disso, os fãs de McFly se mostraram ainda mais fiéis ao tornarem o site oficial da banda vencedor na categoria Melhor Site Oficial de Música do BT Digital Music Award.

Em 2007 foi possível ver os até então garotos se tornando cada vez mais responsáveis por seus próprios passos quando participaram como apresentadores do Nickelodeon UK Kids' Choice Awards, em 20 de outubro. Nessa premiação, ainda levaram para casa o prêmio de Melhor Banda, provando serem os queridinhos da vez. Em 6 de novembro, o talento mostrado pelo grupo ao se apresentar no V Festival foi recompensado com a estatueta do UK Festival Awards para Melhor Show Pop e, firmando sua qualidade também ao vivo, levaram o prêmio de Melhor Atuação Ao Vivo do Virgin.net Music Awards.

O lançamento do novo álbum, *Radio:ACTIVE*, permitiu que, em 2008, o McFly fosse vencedor da categoria Melhor Álbum no Star Smash Awards. Na mesma premiação, eles também conquistaram a vitória como Melhor Banda e Artistas do Ano. Foi também nesse ano que *Motion In The Ocean*, lançado em novembro de 2006 (terceiro álbum da banda), levou o disco de ouro.

O sucesso do McFly no Brasil, confirmado com os shows de 2008 em várias cidades do país, permitiu que a banda britânica fosse a vencedora na categoria Melhor Artista Internacional no Meus Prêmios Nickelodeon Brasil, em 2009, e nomeada para o MTV Latin Awards. Além disso, em maio, os garotos conquistaram o Download de Platina, pelas músicas "Lies" e "One For The Radio", aqui no Brasil – prêmio entregue no programa de televisão *Domingão do Faustão*. De volta à Terra da Rainha, mais surpresas vieram por Melhor Cobertura de Música ao Vivo pela UK Music Video Awards e o prêmio de Homem Mais Sexy do Ano para o caçula Dougie Poynter.

Em uma fase mais marcante e com um clipe um tanto quanto diferente, "Party Girl" chegou para ganhar como Melhor Vídeo de 2010 no 4Music Video Honours.

O ano de 2011 foi de vitórias para os garotos, principalmente para Harry Judd e Dougie Poynter. Isso porque ambos participaram de programas de TV na Inglaterra e levaram o grande prêmio. Foram eles: o *Strictly Come Dancing* e o *I'm a Celebrity... Get Me Out of Here!*, com o "selvagem" baixista e backing vocal. Além dos prêmios individuais, comemorados sempre em conjunto por todos os garotos, foram considerados a Melhor Banda Britânica pela *In Rock Magazine*, e o Super City levou o prêmio Nordoff Robbins de Inovação Digital American Express (American Express Digital Innovation Award).

Em 2012 os garotos do McFly levaram para casa alguns prêmios também. No Prêmio de Entretenimento Digital da *Celebritain*, em junho, eles foram vencedores em todas as categorias que disputaram: Melhor Uso de Vídeo por um Artista, pelo diário dos bastidores da turnê do McFly, Melhor Website de um Artista pelo Super City e Artista Digital do Ano. Em julho, eles conquistaram o prêmio Nordoff Robbins novamente, em parceria com a Ticketmaster, pela Melhor Performance Ao Vivo de 2012. Agora esperamos ansiosamente pelos próximos que, com certeza, estão a caminho.

Dougie Poytner, Danny Jones, Harry Judd e Tom Fletcher apresentando o Kids' Choice Awards de 2007, em Londres.

Jo Hale/ Getty Images

2

Perfis

Tim Whitby/Getty Images

Danny Jones

Nome completo: Daniel Alan David Jones
Data de nascimento: 12 de março de 1986
Local: Bolton, Manchester (Inglaterra)
Signo: Peixes

A música entrou na vida de Danny Jones quando ele tinha apenas cinco anos, ao ganhar de seus pais, Kathy e Alan Jones, sua primeira guitarra de brinquedo. A partir de então, com sua irmã Victoria, ou Vicky Jones, e com seu estilo e sotaque boltoniano, ele passou a imitar os passos de um de seus maiores ídolos, Bruce Springsteen.

Danny aprendeu a tocar violão sozinho, por influência de seu tio Andy, mas passou a fazer aulas quando decidiu montar uma banda com sua irmã e um amigo. Nela, Vicky era a vocalista, enquanto Danny tocava violão e seu amigo ficava responsável pelo teclado. Sob o nome de Y2K, eles participaram de concursos na televisão e chegaram a ganhar alguns prêmios em pequenos festivais.

Após o fim de sua primeira banda, Danny passou a tocar pelas noites de Bolton, em lugares como Kings Arms, mas essa fase de sua vida acabou quando Vicky mostrou para Kathy um anúncio de testes para uma banda. Danny pegou um trem para Londres com a mãe e a irmã e se arriscou em uma audição. Chegando lá, descobriu que o teste era para uma banda pop, e não rock. Os produtores, que buscavam pessoas para montar a *boy band* V, ficaram impressionados com o garoto cantando rock e deixaram que ele pegasse seu violão para tocar uma música.

Chame de sorte, destino ou qualquer outra coisa, mas naquela mesma sala estava Tom Fletcher, que havia sido convidado para gravar as audições. Entusiasmado com o talento de Danny, Tom convidou o garoto para escrever algumas canções. Danny já tinha lugar garantido no V, mas depois de uma conversa com Fletcher (o empresário da banda), resolveu não entrar para a *boy band*. Ele e Tom partiriam depois em busca de um baixista e um baterista para a banda que se tornaria o McFly.

Uma das músicas mais marcantes compostas por Danny é "Not Alone". Escrita durante esse período de viagens do garoto entre Bolton e Londres, antes de se fixar na capital da Inglaterra, a música relata períodos tristes vividos por ele em sua infância. Além dessa, outras composições de Danny fizeram sucesso, como é o caso de "Walk In

The Sun" e "Don't Know Why" – escrita por ele e sua irmã, relatando a relação complicada que tinham com o pai após o divórcio dele e Kathy. Além dessas, Danny também compôs e gravou "Look at the Sky", "You Should Know By Now", "Silence Of The City" (composta quando ele tinha apenas quinze anos, em referência ao atentado às Torres Gêmeas, nos Estados Unidos) e "Honesty" (também com a participação de Vicky Jones). Essas músicas nunca entraram nos trabalhos do McFly.

Na televisão, Danny já apareceu em programas ao lado do McFly, sozinho ou com sua família. Além dos programas *Never Mind the Buzzcocks*, *Celebrity Juice* e *All Star Family Fortunes*, ele participou, em 2010, do *reality show Popstar to Operastar*, no qual diversos artistas têm de aprender e fazer apresentações de ópera. Danny teve a cantora Katherine Jenkins como mentora e, apesar de suas ótimas apresentações, foi eliminado na quarta semana.

Quanto aos relacionamentos amorosos, Danny teve alguns affaires e namorou por pouco mais de dois anos uma fotógrafa chamada Olivia Shaw, que ele conheceu em 2006 durante a sessão de fotos do álbum *Motion In The Ocean*, do McFly. O relacionamento dos dois durou até 2008 e acabou quando Danny passou a namorar a Miss Inglaterra 2008, Laura Coleman. Com Laura, ele ficou apenas alguns meses, terminando ao conhecer a Miss Inglaterra 2007, Georgia Horsley, em um evento que as duas apresentaram juntas, em 2009. Danny e Georgia continuam juntos e atualmente dividem uma casa.

Além de ter recentemente se tornado responsável pela produção dos álbuns do McFly, Danny também tem trabalhado em projetos paralelos envolvendo música eletrônica. Já remixou algumas canções da própria banda, mas não se limitou a isso. Junto ao DJ Roger Sanchez, Danny formou o The Saturn V e tem percorrido a Inglaterra com turnês, além de fazer apresentações como DJ sozinho em algumas boates e *after parties**.

* Festas que acontecem após os shows. [N. E.]

Dave Hogan/Getty Images

Dougie Poynter

Nome completo: Dougie Lee Poynter
Data de nascimento: 30 de novembro de 1987
Local: Corringham, Essex (Inglaterra)
Signo: Sagitário

O McFly não foi a primeira banda de que Dougie participou. Antes, ele fez parte de outro grupo chamado Ataiz, fundado por ele com um amigo de infância. "Take a Look Around" e "Silence Is a Scary Sound" (tocada ao vivo em shows do McFly anos depois) foram algumas das músicas que ele compôs ainda naquela época.

Aos quinze anos, Dougie resolveu se inscrever para a audição de baixista de uma banda que prometia ser um sucesso, o McFly. Apesar do grande nervosismo, que inclusive o fez vomitar pouco antes do teste, ele passou e assinou o contrato com o selo Island Records.

O caçula da banda também coloca seu toque pessoal nas letras das músicas do McFly. Dentre elas, "The Ballad Of Paul K", "Ignorance" e a divertida e nojenta "Diarrhea". Uma de suas músicas prediletas é "Transylvania" (também conhecida como "Tranny"), sobre Ana Bolena, a polêmica segunda esposa do rei Henrique VIII da Inglaterra.

Dougie é bastante ligado à moda e, em 2010, com algumas pessoas, como o produtor Jason Perry, lançou uma linha de roupas chamada Zukie (em homenagem a seu lagarto falecido de mesmo nome). Já em 2011, Dougie lançou sua marca chamada Saint Kidd (inspirada em William Kidd).

As duas figuras principais de sua família são sua mãe, Samantha, e sua irmã (três anos mais nova) Jazzie. Seu namoro mais longo, e sempre alvo da imprensa, foi com Frankie Sandford, da *girl band* britânica The Saturdays. Depois de idas e vindas, eles terminaram em novembro de 2010, após pouco mais de dois anos juntos.

Dougie já enfrentava problemas com bebida e drogas e, com o término do namoro, sentiu-se livre para abusar ainda mais, já que seria uma pessoa a menos de quem ele teria de esconder seus problemas. Depois de uma tentativa de suicídio, decidiu expor sua situação para os companheiros de banda e conversar com o médico. Em fevereiro de 2011, Dougie começou sua reabilitação na clínica Priory e ficou lá por um mês. Passou a participar de encontros dos Alcoólicos Anônimos e tem feito o possível para manter o corpo e principalmente a mente mais saudáveis.

Desde o final de 2011, Dougie namora a pintora Lara Carew-Jones, amiga da família de Harry. Logo após o começo do namoro com Lara, Dougie aceitou o convite para participar do *reality show* britânico *I'm a Celebrity... Get Me Out of Here!*. Durante o programa, Dougie passou 21 dias na selva australiana e teve de passar por provas físicas e psicológicas. Ele disputou e ganhou a final contra Mark Wright, sendo coroado o "Rei da Selva".

Os projetos paralelos ao McFly não pararam. Em outubro de 2012, Dougie lançou com o companheiro de banda Tom Fletcher o livro *The Dinosaur That Pooped Christmas* (em tradução livre, O dinossauro que cagou o Natal), sobre um garoto que ganha um dinossauro de estimação de Natal.

Jon Furniss/WireImage

Harry Judd

Nome completo: Harry Mark Christopher Judd
Data de nascimento: 23 de dezembro de 1985
Local: Chelmsford, Essex (Inglaterra)
Signo: Capricórnio

Quando pequeno, Harry Judd queria ser jogador de críquete e, se não estivesse no McFly, talvez essa fosse sua atual profissão. Harry chegou a ter aulas de violão e trompete quando era adolescente, mas nenhum deles o conquistou. Quando uma vaga de baterista surgiu na banda de seus amigos, ele resolveu aprender a tocar o instrumento para entrar para o grupo.

Um amigo de Harry o avisou da audição para o McFly e então tudo mudou. Ele tinha uma vida comum com os pais, Chris e Emma Judd, e os irmãos, Katherine (quatro anos mais velha) e Thomas (dois anos mais velho), e foi parar no mundo da fama como baterista de uma das bandas mais famosas do Reino Unido. Harry passou no teste mesmo tocando por apenas dezoito meses. Antes mesmo da estreia do McFly para o público, participou do clipe "Crashed the Wedding", do Busted. Aliás, um dos membros do Busted, Charlie Simpson, estudou no mesmo colégio que Harry, mas estava uma série à frente. Harry e Dougie chegaram a ajudar na composição da música "Let It Go", o lado B do single "Air Hostess", do Busted.

Além da bateria, Harry também toca trompete e piano, mas diz que não é muito bom. Quanto a sua habilidade vocal, ele prefere escondê-la. Contudo, depois de uma brincadeira no último show da primeira turnê em 2004, ele cantou a música "Hero", do Enrique Iglesias. Depois de inúmeros pedidos dos outros membros da banda e dos fãs, ele cantou mais algumas vezes, inclusive na gravação do DVD da turnê de 2005.

Durante a gravação do filme *Sorte no Amor*, Harry envolveu-se com a atriz Lindsay Lohan. Os rumores da época foram confirmados (e desmentidos) em entrevistas anos depois. O resultado da rápida relação foi a música "Please, Please".

Harry conheceu Izzy Johnston (ex-violinista do Escala & Wild) quando ela fez parte da orquestra que acompanhou o McFly na turnê *Wonderland*. Depois de altos e baixos, o relacionamento deles ficou mais forte em 2011, quando passaram a morar juntos, e com o noivado na ilha de St. Lucia em maio de 2012, dias depois do casamento de Tom Fletcher.

Rupert Johnston, irmão de Izzy, sofreu um acidente de carro em 1996 e teve danos cerebrais. Harry tem apoiado o Brain Injury Rehabilitation Trust (BIRT) e o Teenage Cancer Trust arrecadando dinheiro em diversas ações, principalmente esportivas.

No dia 19 de novembro de 2010, Harry participou e venceu um episódio especial do *Strictly Come Dancing* para o *Children in Need*, no qual fez dupla com Ola Jordan. Sua apresentação foi tão boa que, em 2011, foi convidado para participar da temporada completa do *reality show* de dança, em que uma celebridade e um dançarino profissional se unem em apresentações semanais de diversos estilos, como tango, samba e valsa.

A temporada com o Harry estreou no canal BBC em 10 de setembro de 2011 e fez um enorme sucesso. A parceira de Harry foi Aliona Vilani e, juntos, eles conquistaram o título de campeões no dia 17 de dezembro. Com o fim da temporada, eles saíram em turnê com outros participantes. E, em março de 2012, Harry e Aliona também participaram do especial *Strictly Come Dancing Underwater*, parte do Sports Relief.

No dia 21 de dezembro de 2012, Harry e Izzy se casaram na St. Nicholas's Church, em Harpenden. Logo depois, a recepção foi realizada no St Michael's Manor, onde o casal teve a primeira dança como marido e mulher (depois de onze horas de ensaio) ao som de "Can't Help Falling In Love", versão de Michael Bublé.

Dave Hogan/Getty Images

Tom Fletcher

Nome completo: Thomas Michael Fletcher
Data de nascimento: 17 de julho de 1985
Local: Harrow, Grande Londres (Inglaterra)
Signo: Câncer

O talento de Tom Fletcher pode ser chamado de hereditário. Filho de um guitarrista, ele cresceu em meio à música e costumava acompanhar seu pai em apresentações. Ainda bastante novo, Tom foi aceito na escola de teatro Sylvia Young, onde, além das matérias regulares, também teve aulas de interpretação, artes e música, o que o levou a desenvolver suas habilidades de músico e ator. Quando criança participou do clipe da música "Over My Shoulder", da banda Mike and The Mechanics.

Sempre incentivado por seus pais, Bob e Debbie Fletcher, o garoto participou de alguns musicais como *West End*, além de fazer parte do elenco de *Grange Hill* e *Eastenders*, entre outros trabalhos que realizou como ator. Tom, porém, optou por seguir na música e abandonou os palcos de teatro para correr atrás dos palcos de shows.

Após ler o anúncio de uma audição para uma banda – a hoje extinta Busted –, Tom resolveu fazer o teste e passou. Dias depois de já ter espalhado a boa notícia para família e amigos, os empresários Matthew 'Fletch' Fletcher e Richard Rashman decidiram que o Busted teria só três integrantes em vez de quatro. Sendo assim, Tom ficou de fora do grupo. Ele se tornou muito próximo, porém, de um dos integrantes, James Bourne, com quem escreveu diversas canções. Percebendo o talento do garoto, os produtores pediram que ele passasse a filmar outras audições, e foi em uma delas que ele conheceu Danny Jones: e esse seria o início do McFly.

Sem desperdiçar seu talento para a composição, Tom tem participação em praticamente todas as músicas do McFly, além de escrever também para outros artistas. Hoje, acumula dez músicas como número 1 das paradas britânicas, sendo sete delas gravadas pelo McFly e três pelo Busted. Na frente dele, com mais composições na primeira posição, estão apenas Elvis Presley e Michael Jackson.

Tom realizou um de seus maiores sonhos em abril de 2010, quando foi convidado a conhecer a base da NASA. Apaixonado por tudo que envolve o espaço, ele pôde acompanhar o lançamento de uma nave espacial, além de conhecer alguns astronautas. A visita veio após uma grande campanha de seus fãs no Twitter ter conseguido que sua música "Star Girl" fosse tocada a bordo de uma nave.

Em 2011, Tom participou do programa *The Cube*, no qual ganhou cem mil libras que doou para as entidades Comic Relief e Brain Injury Rehabilitation Trust (BIRT). Nesse mesmo ano, ele escreveu uma música para uma das *boy bands* de maior sucesso da atualidade: One Direction. Além disso, compôs e cantou, com sua irmã mais nova, Carrie Fletcher, a música tema dos mascotes dos Jogos Olímpicos de Londres 2012.

Depois de oito anos namorando a atriz Giovanna Falcone, que conheceu na escola de teatro Sylvia Young quando ainda tinha treze anos, Tom resolveu trocar alianças em uma cerimônia realizada em uma igreja de Londres, no dia 12 de maio de 2012.

Em janeiro de 2013, o vídeo do discurso de Tom no casamento foi disponibilizado em seu canal no Youtube. Nele, Fletcher faz seus agradecimentos e homenagens usando um *mash-up* de paródias das músicas do próprio McFly, já que alega ser péssimo quando o assunto é falar em público. Sua criatividade fez grande sucesso na internet e, até o fechamento desta edição, o vídeo já contava com mais de 9 milhões de acessos.

Em relação a seus hobbies, Tom já tirou seu brevê de piloto de avião. Ele também adora desenhar, assistir a filmes da Disney, *twittar*, tocar piano e cuidar de seus três gatos: Aurora, Leia e Marvin.

3

Discografia

Álbuns

Room On The 3rd Floor

Lançamento no Reino Unido: 5 de julho de 2004.

Em 2003, com tantas *boy bands* no mercado, como fazer um álbum com uma banda tradicional – que toca seus próprios instrumentos – e que se destaque no meio?

O álbum de estreia do McFly conta com músicas inspiradas em Beach Boys, Beatles e Rolling Stones, contando histórias adolescentes, tanto de amor, quanto de amizade. A maior parte das faixas foi composta no quarto 363 do Hotel Continental, em Londres, em parceria com o então membro do Busted, James Bourne.

Curiosidades...

- No encarte, os garotos agradecem às suas pizzarias favoritas: "Obrigado à casa de curry local, à Pizza Domino's e à Pizza Go Go por nos manterem vivos!".
- Na música "Saturday Night" há uma referência a Dougie que, como ainda era menor de idade, não podia beber em festas. O trecho diz: "*No-one here to check if you're underage*" (Ninguém está aqui para conferir se você é menor de idade).
- O nome da biografia oficial da banda, lançada em 11 de outubro de 2012, *Unsaid Things: Our Story*, foi inspirada na faixa "Unsaid Things".
- "Not Alone" é uma composição de Danny e teve como mote as suas viagens solitárias de Bolton a Londres. Essa é uma das músicas mais sentimentais que a banda já teve.

	Faixa	Composição	Duração
1	5 Colours In Her Hair	B. Sargeant / Danny Jones / James Bourne / Tom Fletcher	2:58
2	Obviously	Tom Fletcher / Danny Jones / James Bourne	3:19
3	Room On The 3rd Floor	Tom Fletcher / Danny Jones	3:17
4	That Girl	Tom Fletcher / Danny Jones / James Bourne	3:17
5	Hypnotised	Tom Fletcher / Danny Jones / Dougie Poynter / Harry Judd	3:02
6	Saturday Night	Tom Fletcher / Danny Jones / Dougie Poynter / Harry Judd	3:48
7	Met This Girl	Tom Fletcher / Danny Jones / Dougie Poynter / Harry Judd	2:47
8	She Left Me	Tom Fletcher / James Bourne	3:26
9	Down By The Lake	Tom Fletcher / James Bourne	2:39
10	Unsaid Things	Tom Fletcher / Danny Jones / Dougie Poynter / Harry Judd / James Bourne	3:25
11	Surfer Babe	Tom Fletcher / James Bourne	2:34
12	Not Alone	Danny Jones	4:18
13	Broccoli	Tom Fletcher / Danny Jones / James Bourne	3:31
14	Get Over You	Tom Fletcher / Danny Jones / Dougie Poynter / Harry Judd	(Faixa escondida)

Wonderland

Lançamento no Reino Unido: 29 de agosto de 2005.

Estreando em primeiro lugar nas paradas inglesas, o segundo álbum de estúdio do McFly conta com faixas mais maduras que as do primeiro, não deixando que os fãs se esquecessem deles – como se isso fosse possível...

Curiosidades...

- Segundo Danny Jones, "Don't Know Why" foi escrita por sua irmã mais velha e ele após observarem seu pai se acabando no álcool, antes de deixar sua família.
- "Memory Lane" também é o nome da mais nova coletânea de sucessos do McFly.

	Faixa	Composição	Duração
1	I'll Be Ok	Danny Jones / Dougie Poynter / Tom Fletcher	3:24
2	I've Got You	Danny Jones / G. Gouldman / Tom Fletcher	3:18
3	Ultraviolet	Tom Fletcher / Danny Jones	3:56
4	The Ballad Of Paul K	Tom Fletcher / Danny Jones / Dougie Poynter	3:17
5	I Wanna Hold You	Tom Fletcher / Danny Jones / Dougie Poynter	2:59
6	Too Close For Comfort	Danny Jones / Dougie Poynter / Tom Fletcher	4:37
7	All About You	Tom Fletcher	3:06
8	She Falls Asleep (Part 1)	Tom Fletcher	1:43
9	She Falls Asleep (Part 2)	Tom Fletcher / Harry Judd / Dougie Poynter	4:11
10	Don't Know Why	Danny Jones / Vicky Jones	4:20

11	Nothing	Tom Fletcher / Danny Jones / Dougie Poynter	3:50
12	Memory Lane	Tom Fletcher / James Bourne	4:40

Just My Luck – Trilha sonora oficial do filme *Sorte no Amor*

Lançamento nos EUA: 12 de maio de 2006.
Lançamento no Brasil: 9 de junho de 2006.

Com a intenção de ganhar visibilidade no mercado internacional, a participação do grupo no filme *Sorte no Amor* levou o McFly a lançar a trilha sonora do longa-metragem, um álbum com os maiores sucessos.

	Faixa	Composição	Duração
1	I Wanna Hold You	Tom Fletcher / Danny Jones / Dougie Poynter	3:24
2	I've Got You	Danny Jones / G. Gouldman / Tom Fletcher	3:24
3	Obviously	Tom Fletcher / Danny Jones / James Bourne	3:19
4	Ultraviolet	Tom Fletcher / Danny Jones	3:56
5	5 Colours In Her Hair (Versão dos EUA)	B. Sargeant / Danny Jones / James Bourne / Tom Fletcher	3:03
6	Too Close For Comfort	Danny Jones / Dougie Poynter / Tom Fletcher	4:37
7	All About You	Tom Fletcher	3:06
8	That Girl	Tom Fletcher / Danny Jones / James Bourne	3:17
9	Unsaid Things	Tom Fletcher / Danny Jones / Dougie Poynter / Harry Judd / James Bourne	3:25
10	I'll Be Ok	Danny Jones / Dougie Poynter / Tom Fletcher	3:26
11	Just My Luck	Tom Fletcher / Danny Jones / Dougie Poynter / Harry Judd	3:16
12	Memory Lane	Tom Fletcher / James Bourne	4:40

Motion In The Ocean

Lançamento no Reino Unido: 6 de novembro de 2006.

Lançamento da edição *deluxe* (com DVD), também no Reino Unido: 14 de maio de 2007.

Inspirado no rock da década de 1970, o álbum é composto de baladas para dançar e trilhas sonoras incríveis.

Curiosidades...

- A faixa "Transylvania" tem como referência a história de Ana Bolena. A segunda esposa do rei Henrique VIII da Inglaterra foi acusada de adultério, incesto e uso de feitiçaria, sendo decapitada na Torre de Londres pouco tempo depois do casamento.
- O filme *Uma Noite no Museu*, com Ben Stiller, foi a inspiração para a música "Friday Night". Essa faixa faz parte da trilha sonora oficial do filme.

	Faixa	Composição	Duração
1	We Are The Young	Tom Fletcher / Danny Jones / James Bourne / Jason Perry / Julian Emery	3:34
2	Star Girl	Tom Fletcher / Danny Jones / Dougie Poynter / Harry Judd / Jason Perry / Julian Emery / Daniel P. Carter	3:28
3	Please, Please	Tom Fletcher / Danny Jones / Dougie Poynter / Harry Judd / Jason Perry	3:09
4	Sorry's Not Good Enough	Danny Jones / Dougie Poynter / Jason Perry / Julian Emery / Tom Fletcher	4:27
5	Bubblewrap	Tom Fletcher / Danny Jones	5:12

6	Transylvania	Dougie Poynter	4:10
7	Lonely	Tom Fletcher / James Bourne	3:52
8	Don't Stop Me Now	Freddie Mercury	3:20
9	Little Joana	Tom Fletcher / Dougie Poynter / Danny Jones / Matthew Fletcher	3:56
10	Friday Night	Dan Carter / Danny Jones / Dougie Poynter / Jason Perry / Julian Emery / Tom Fletcher	3:22
11	Walk In The Sun	Danny Jones	4:35
12	Home Is Where The Heart Is	Tom Fletcher / Danny Jones / Jason Perry	4:31
13	Baby's Coming Back*	Andy Sturmer	2:50
14	Silence Is a Scary Sound	Dougie Poynter	(Faixa escondida)

O DVD conta com um show gravado no estádio de Wembley, na Inglaterra.

Setlist
1. Please, Please 2. I Wanna Hold You 3. All About You 4. We Are The Young 5. Surf Medley (Surfer Babe, Down By The Lake, That Girl, She Left Me) 6. Star Girl 7. I'll Be Ok 8. Sorry's Not Good Enough 9. Fight For Your Right 10. Not Alone 11. Harry's Drum Solo

* Disponível somente na versão *deluxe*. [N. E.]

12. Room On The 3rd Floor
13. Ghostbusters
14. I've Got You
15. Obviously
16. Don't Stop Me Now
17. 5 Colours In Her Hair

All The Greatest Hits – Special Fan Edition

Lançamento no Reino Unido: 5 de novembro de 2007.

O álbum contém os maiores hits do McFly até 2007 e mais três músicas inéditas. Esse foi o último CD lançado pela Island/Universal Music antes de a banda abrir seu próprio selo com a Super Records.

Curiosidades...

- Quando saiu a lista de músicas desse álbum, houve boatos de que "The Way You Make Me Feel" seria uma música cover de Michael Jackson ou Ronan Keating, mas, na verdade, é uma composição própria.
- A versão de "Memory Lane" que esse álbum traz é a mesma do DVD *The Wonderland Tour.*

	Faixa	Composição	Duração
1	5 Colours In Her Hair	B. Sargeant / Danny Jones / James Bourne / Tom Fletcher	2:58
2	Obviously	Tom Fletcher / Danny Jones / James Bourne	3:19
3	That Girl	Tom Fletcher / Danny Jones / James Bourne	3:15
4	Room On The 3rd Floor	Tom Fletcher / Danny Jones	3:15
5	All About You	Tom Fletcher	3:06

6	I Wanna Hold You	Tom Fletcher / Danny Jones / Dougie Poynter	2:57
7	The Ballad Of Paul K	Tom Fletcher / Danny Jones / Dougie Poynter	3:16
8	Ultraviolet	Tom Fletcher / Danny Jones	3:56
9	Please, Please	Tom Fletcher / Danny Jones / Dougie Poynter / Harry Judd / Jason Perry	3:08
10	Don't Stop Me Now	Freddie Mercury	3:28
11	Star Girl	Tom Fletcher / Danny Jones / Dougie Poynter / Harry Judd / Perry / Emery / Daniel P. Carter	3:28
12	Friday Night	Daniel P. Carter / Danny Jones /Dougie Poynter / Jason Perry / Julian Emery / Tom Fletcher	3:20
13	Sorry's Not Good Enough	Danny Jones / Dougie Poynter / Jason Perry / Julian Emery / Tom Fletcher	4:26
14	Transylvania	Dougie Poynter	4:08
15	Baby's Coming Back	Andy Sturmer	2:51
16	The Heart Never Lies	Tom Fletcher	3:28
17	The Way You Make Me Feel	Joel Stentz / Tom Fletcher / Danny Jones / Dougie Poynter / Harry Judd	3:37
18	Don't Wake Me Up	B. Sargeant / Danny Jones / James Bourne / Tom Fletcher	4:10
19	5 Colours In Her Hair (Versão dos EUA)	Danny Jones / Dougie Poynter / Rob Davies	3:01
20	You've Got a Friend	Carole King	4:30
21	Memory Lane	Tom Fletcher / James Bourne	5:15

Greatest Hits

Lançamento no Reino Unido: 5 de novembro de 2007.
Lançamento no Brasil: 20 de maio de 2008.

	Faixa	Composição	Duração
1	All About You	Tom Fletcher	3:06
2	Star Girl	Tom Fletcher / Danny Jones / Dougie Poynter / Harry Judd / Jason Perry / Julian Emery / Daniel P. Carter	3:28
3	Obviously	Tom Fletcher / Danny Jones / James Bourne	3:19
4	The Heart Never Lies	Tom Fletcher	3:28
5	Please, Please	Tom Fletcher / Danny Jones / Dougie Poynter / Harry Judd / Jason Perry	3:08
6	Room On The 3rd Floor	Tom Fletcher / Danny Jones	3:15
7	Don't Stop Me Now	Freddie Mercury	3:28
8	I'll Be Ok	Danny Jones / Dougie Poynter / Tom Fletcher	3:26
9	That Girl	Tom Fletcher / Danny Jones / James Bourne	3:15
10	Baby's Coming Back	Andy Sturmer	2:51
11	Transylvania	Dougie Poynter	4:08
12	The Way You Make Me Feel	Joel Stentz / Tom Fletcher / Danny Jones / Dougie Poynter / Harry Judd	3:37
13	Don't Wake Me Up	B. Sargeant / Danny Jones / James Bourne / Tom Fletcher	4:10

Radio:ACTIVE

Lançamento no *The Mail*, jornal do Reino Unido: 20 de julho de 2008.

Lançamento da edição *deluxe* no Reino Unido, com quatro faixas inéditas: 22 de setembro de 2008.

Lançamento no Brasil (edição com um único CD): 27 de outubro de 2008.

Depois do rompimento do contrato com o selo Island, da Universal Music, a banda criou o seu próprio – o Super Records – e gravou *Radio:ACTIVE*, um dos álbuns mais revolucionários já feitos pelo McFly. R:A – como carinhosamente é chamado pelos fãs e pelos próprios rapazes – foi gravado durante uma longa estadia isolada da imprensa, em Sidney, Austrália.

Com um som mais ligado ao rock'n'roll, inspirados na década de 1960, *riffs* e longos solos, o álbum é composto de músicas que falam sobre paixões e protestos contra a mídia.

Como não tinham mais o apoio do grande grupo Universal Music, o álbum foi lançado dois meses antes do lançamento oficial em uma versão com dez faixas para quem comprasse o tabloide inglês *The Mail*.

A versão *deluxe* contém um CD, um DVD com os documentários *Down Under With McFly*, que mostra toda a viagem deles à Austrália, e *Promoting Radio:ACTIVE*, com trechos do show de divulgação do álbum no iTunes Festival 2008, bastidores dos clipes "One For The Radio" e "Lies", e as campanhas de divulgação, como a que fizeram no jornal *The Mail*, além de um livreto com 32 páginas cuja sobrecapa brilha no escuro.

Curiosidades...

- Na faixa "One For The Radio" há uma participação especial dos gritos dos fãs no trecho "We don't care! We don't care!", gravado em uma pequena apresentação da banda, enquanto ainda estava na Austrália.
- Segundo Tom Fletcher, "Down Goes Another One" é uma continuação para "She Falls Asleep", do álbum *Wonderland*, que diz "*She falls asleep and all she thinks about is you*". Na faixa de *Radio:ACTIVE* tem a seguinte frase "*Everytime I fall asleep my dreams are haunted*".

	Faixa	Composição	Duração
1	Lies	Tom Fletcher / Danny Jones / Dougie Poynter	3:53
2	One For The Radio	Tom Fletcher	3:06
3	Everybody Knows	Tom Fletcher / Danny Jones / Dougie Poynter / James Bourne	3:15
4	Do Ya	Tom Fletcher / Danny Jones / Dougie Poynter / James Bourne	2:53
5	Falling In Love	Tom Fletcher / Danny Jones / Jason Perry	4:26
6	POV	Tom Fletcher	3:53
7	Corrupted	Tom Fletcher / Lauren Christy / Graham Edwards / Scott Spock / Gary Clark	3:39
8	Smile	Tom Fletcher	3:18
9	The End*	Tom Fletcher / Lauren Christy / Graham Edwards / Scott Spock / Gary Clark	3:43
10	Going Through The Motions	Tom Fletcher / Danny Jones / Dougie Poynter	3:25
11	Down Goes Another One	Tom Fletcher / Danny Jones / Dougie Poynter	4:15
12	Only The Strong Survive*	Tom Fletcher / Jason Perry	3:34
13	The Last Song	Tom Fletcher / Danny Jones / Dougie Poynter	4:51
14	The Heart Never Lies **	Tom Fletcher	3:26

* Faixas presentes somente nas versões *deluxe* e brasileira. [N. E.]
** Faixa presente somente na versão do *The Mail.* [N. E.]

McFly toca durante o concurso de Miss Mundo na África do Sul, em 2008.

Michelly Rall/WireImage

Above The Noise

Lançamento em formato digital exclusivo para fãs assinantes do Super City: 1º de novembro de 2010.

Lançamento em CD no Reino Unido: 15 de novembro de 2010.

Lançamento no Brasil: 30 de novembro de 2010.

Depois de dois anos sem lançar inéditas, o McFly uniu a Super Records à Island. Após uma longa viagem à Atlanta, Estados Unidos, *Above The Noise* pôde ser finalizado. Ele é feito de faixas compostas por celebridades do mundo da música pop, como JC Chasez, Taio Cruz e Dallas Austin. Todos eles trabalharam em conjunto com os veteranos Tom, Danny, Dougie e Harry.

Na pré-produção e remixagem, de onze faixas, oito vazaram na internet. Boatos dizem que a gravadora "as soltou" para testar se o novo som, mais pop do que nunca, agradaria aos fãs.

Curiosidades...

- No CD, a faixa "Shine a Light" tem a participação especial de Taio Cruz.
- "Nowhere Left To Run" tem o mesmo nome do curta-metragem da banda sobre vampiros.

	Faixa	Composição	Duração
1	End Of The World	Tom Fletcher / Danny Jones / Dougie Poynter / Dallas Austin / Jeff Wayne	4:02
2	Party Girl	Dallas Austin / Tom Fletcher / Danny Jones / Dougie Poynter	3:11
3	iF U C Kate	Dallas Austin / JC Chacez	3:39
4	Shine a Light	Tom Fletcher / Danny Jones / Taio Cruz	3:14

5	I'll Be Your Man	Tom Fletcher / Danny Jones / Dallas Austin	4:15
6	Nowhere Left To Run	Tom Fletcher / Danny Jones / Dougie Poynter / Taio Cruz	3:23
7	I Need a Woman	Tom Fletcher / Danny Jones / Dougie Poynter	4:00
8	That's The Truth	Dallas Austin / Danny Jones / Tom Fletcher / Harry Judd / Dougie Poynter	3:52
9	Take Me There	Dallas Austin / Danny Jones / Tom Fletcher / Harry Judd / Dougie Poynter	3:43
10	This Song	Tom Fletcher / Danny Jones	6:00
11	Foolish	Dallas Austin / Naz Tokio / Tom Fletcher / Danny Jones	4:04

Memory Lane: The Best of McFly

Lançamento no Reino Unido: 26 de novembro de 2012.
Lançamento no Brasil: 4 de dezembro de 2012.

Memory Lane é o nome de uma música do segundo álbum do McFly, *Wonderland*. A faixa fez sucesso por conta do DVD do filme *Sorte no Amor*, que trazia a versão ao vivo nos extras do disco.

Mesmo sendo o terceiro álbum de coletâneas, a banda resolveu colocar três faixas inéditas, na versão simples, e cinco na versão *deluxe*. As músicas "Love Is Easy" e "Do Watcha" já poderiam ser escutadas pela internet, por terem sido tocadas em shows e gravadas pelo público.

Além dos maiores sucessos e das inéditas, o segundo CD da edição *deluxe* contém músicas nunca antes lançadas em álbuns, somente em singles, e os maiores *covers* que o McFly já fez.

	Faixa	Composição	Duração
1	Love Is Easy*	Tom Fletcher / Danny Jones / Dougie Poynter	3:41
2	Shine a Light (Participação de Taio Cruz)	Tom Fletcher / Danny Jones / Taio Cruz	3:39
3	Party Girl	Dallas Austin / Tom Fletcher / Danny Jones / Dougie Poynter	3:11
4	Falling In Love	Tom Fletcher / Danny Jones / Jason Perry	4:26
5	Do Ya	Tom Fletcher / Danny Jones / Dougie Poynter / James Bourne	2:53
6	Lies	Tom Fletcher / Danny Jones / Dougie Poynter	3:53
7	One For The Radio	Tom Fletcher	3:06
8	The Heart Never Lies	Tom Fletcher	3:26
9	Transylvania	Dougie Poynter	4:08
10	Friday Night	Dan Carter / Danny Jones / Dougie Poynter / Jason Perry / Julian Emery / Tom Fletcher	3:22
11	Star Girl	Tom Fletcher / Danny Jones / Dougie Poynter / Harry Judd / Jason Perry / Julian Emery / Daniel P. Carter	3:28
12	Don't Stop Me Now	Freddie Mercury	3:28
13	I'll Be Ok	Danny Jones / Dougie Poynter / Tom Fletcher	3:26
14	All About You	Tom Fletcher	3:06
15	Room On The 3rd Floor	Tom Fletcher / Danny Jones	3:15
16	Obviously	Tom Fletcher / Danny Jones / James Bourne	3:19
17	5 Colours In Her Hair	B. Sargeant / Danny Jones / James Bourne / Tom Fletcher	2:58

18	Do Watcha*	Dougie Poynter	3:12
19	Cherry Cola*	Tom Fletcher / Danny Jones / Dougie Poynter	3:03
20	That Girl (Demo original de 2003)	Tom Fletcher / Danny Jones / James Bourne	3:17
21	Obviously (Demo original de 2003)	Tom Fletcher / Danny Jones / James Bourne	3:18
22	Memory Lane**	Tom Fletcher / James Bourne	4:40

CD 2 da edição *deluxe*

	Faixa	Composição	Duração
1	Umbrella (*Cover* de Rihanna)	Jay-Z / Kuk Harrell / Terius Nash / Christopher "Tricky" Stewart	4:05
2	Lola (Participação de Busted)	Ray Davies	4:13
3	The Guy Who Turned Her Down	Tom Fletcher / Danny Jones / Dougie Poynter / Harry Judd	3:58
4	Get Over You	Tom Fletcher / James Bourne	2:34
5	You've Got a Friend (*Cover* de James Taylor)	Carole King	4:27
6	No Worries	Tom Fletcher / Danny Jones	2:56
7	Silence Is a Scary Sound**	Dougie Poynter	3:24
8	Sunny Side Of The Street	Tom Fletcher / Danny Jones	3:14
9	Memory Lane**	Tom Fletcher / James Bourne	5:14
10	Surfer Babe	Tom Fletcher / James Bourne	2:35
11	Ignorance	Dougie Poynter	3:00

12	Down Down (Demo)*	Tom Fletcher / Danny Jones / Dougie Poynter	3:23
13	Mess Around You (Demo)*	Dougie Poynter	2:14
14	Rockin' Robin	Leon Rene	2:35
15	POV (Acústica)	Tom Fletcher	3:53
16	She Loves You	John Lennon / Paul McCartney	2:14
17	Mr. Brightside	Brandon Flowers / Dave Keuning	3:14
18	Little Joanna	Tom Fletcher / Dougie Poynter / Danny Jones	3:56
19	Bubblewrap	Tom Fletcher	5:12
20	5 Colours In Her Hair (Versão dos EUA)	Tom Fletcher / Danny Jones / James Bourne	3:06

* Músicas inéditas. [N. E.]
** Faixas extraídas do DVD *The Wonderland Tour*. [N. E.]

Singles

O primeiro álbum do McFly, *Room On The 3rd Floor*, lançou quatro singles. O primeiro deles, "5 Colours In Her Hair", foi lançado no dia 24 de março de 2004 e em sua semana de estreia ficou em primeiro lugar no *UK Singles Chart*, posição em que permaneceu também na semana seguinte ao seu lançamento. O segundo, "Obviously", foi lançado no dia 21 de junho de 2004 e, assim como o single anterior, chegou à primeira posição no *UK Singles Chart*. Já o terceiro, "That Girl", lançado em 6 de setembro de 2004, alcançou a terceira posição nas paradas britânicas. "Room On The 3rd Floor" foi escolhido como quarto e último single do primeiro álbum da banda, lançado em 6 de novembro de 2004. A melhor colocação no Reino Unido que esta faixa alcançou foi a quinta posição.

5 Colours In Her Hair

CD 1
1. 5 Colours In Her Hair
2. Lola (Participação de Busted)

CD 2
1. 5 Colours In Her Hair
2. Saturday Night
3. The Guy Who Turned Her Down
4. 5 Colours In Her Hair (Vídeo)

CD 3 (*Picture Disc*)
1. 5 Colours In Her Hair
2. Lola (Participação de Busted)

Obviously

CD 1
1. Obviously
2. Get Over You

CD 2
1. Obviously
2. Help
3. Obviously (Remix)
4. Entrevista (Parte 1)
5. Obviously (Vídeo)

CD 3 (*Picture Disc*)
1. Obviously
2. Entrevista (Parte 2)

That Girl

CD 1
1. That Girl
2. She Loves You

CD 2
1. That Girl
2. Obviously (Ao vivo no Liverpool Pops)
3. She Loves You (Ao vivo no Liverpool Pops)
4. That Girl (Ao vivo no Liverpool Pops)
5. That Girl (Vídeo)
6. Gravação na *première* do filme *Homem-Aranha 2*
7. Pôster do Harry

CD 3 (*Picture Disc*)
1. 5 Colours In Her Hair
2. Lola (Participação de Busted)

DVD
1. That Girl
2. She Loves You (Ao vivo da cerimônia da tocha olímpica)
3. Filme do McFly
4. *Première* do filme *Homem-Aranha 2*

Room On The 3rd Floor

CD 1
1. Room On The 3rd Floor
2. Crazy Little Thing Called Love

CD 2
1. Room On The 3rd Floor
2. 5 Colours In Her Hair (Ao vivo)
3. Deck the Halls
4. Room On The 3rd Floor (Ao vivo)
5. Room On The 3rd Floor (Vídeo)

DVD
1. Room On The 3rd Floor
2. Obviously (Vídeo)
3. Vídeo caseiro do McFly (13 minutos – A Turnê)
4. Lições de guitarra com Tom e Danny

O segundo álbum do McFly, *Wonderland*, começou com um single duplo, "All About You/ You've Got a Friend", sendo a primeira uma música inédita da banda e a segunda um *cover* feito para a campanha da Comic Relief. O trabalho foi lançado em 7 de março de 2005 e chegou à primeira posição no *UK Singles Chart*. "I'll Be Ok", lançado em 15 de agosto de 2005, também alcançou a primeira colocação nas paradas de sucesso britânicas. O próximo single, "I Wanna Hold You", lançado em 17 de outubro de 2005, atingiu a terceira posição e foi o sexto single da banda a ficar entre os primeiros lugares no *UK Singles Chart*. "Ultraviolet/ The Ballad Of Paul K", lançado em 12 de dezembro de 2005, alcançou apenas a nona posição das paradas.

All About You/ You've Got a Friend

1. All About You
2. You've Got a Friend
3. Room On The 3rd Floor (Versão da orquestra)
4. All About You (Versão da orquestra)
5. All About You (Vídeo)

I'll Be Ok

CD 1
1. I'll Be Ok
2. No Worries

CD 2
1. I'll Be Ok
2. Nothing
3. Pinball Wizard
4. I'll Be Ok (Vídeo)
5. Vídeo Caseiro – Discoteca do Danny

DVD
1. I'll Be Ok
2. All About You (Áudio)
3. Pinball Wizard (Vídeo caseiro)
4. All About You (Vídeo)
5. Vídeo caseiro – Dougie e seus lagartos

I Wanna Hold You

CD 1
1. I Wanna Hold You
2. Mr. Brightside

CD 2
1. I Wanna Hold You
2. Easy Way Out
3. Entrevista
4. I Wanna Hold You (Instrumental)

DVD
1. I Wanna Hold You
2. Vídeo caseiro do McFly
3. I Wanna Hold You (Vídeo)

Ultraviolet/ The Ballad Of Paul K

CD 1
1. The Ballad Of Paul K (Versão da orquestra)
2. Ultraviolet (Ao vivo)

CD 2
1. The Ballad Of Paul K
2. Ultraviolet
3. I Predict a Riot (Radio 1 Live Lounge Session)
4. Ultraviolet (Vídeo)

DVD
1. The Ballad Of Paul K
2. Ultraviolet
3. Vídeo caseiro
4. The Ballad Of Paul K (Vídeo)

O terceiro álbum do McFly, *Motion In The Ocean*, assim como seu antecessor, também começou com um single duplo, "Please, Please/ Don't Stop Me Now", lançado em 17 de julho de 2006, chegando à primeira posição das paradas. Em 23 de outubro de 2006, foi lançado "Star Girl", que logo na primeira semana alcançou a primeira posição no *UK Singles Chart.* Essa música virou uma espécie de hino para os adoradores do grupo e, após várias campanhas e pedidos dos fãs, a faixa foi tocada pela NASA no espaço para os astronautas. Mais um single duplo, "Sorry's Not Good Enough/ Friday Night", foi lançado pela banda no dia 18 de dezembro de 2006 e chegou ao terceiro lugar nas paradas britânicas. A música "Friday Night" entrou como trilha sonora do filme *Uma Noite no Museu.* "Transylvania/ Baby's Coming Back", cujo lançamento aconteceu em 7 de maio de 2007, foi o sétimo single do McFly a ficar em primeiro lugar no *UK Singles Chart.*

Please, Please/ Don't Stop me Now

CD 1
1. Don't Stop Me Now
2. Please, Please (Versão de rádio)

CD 2
1. Please, Please (Versão do single)
2. Don't Stop Me Now
3. 5 Colours In Her Hair (Versão dos EUA)
4. 5 Colours In Her Hair (Ao vivo na Arena Tour)
5. 5 Colours In Her Hair (Vídeo ao vivo)
7. Dois minutos de Harry na Índia
8. Pôster

DVD
1. Please, Please
2. Don't Stop Me Now

3. I've Got You (Versão dos EUA)
4. I've Got You (Vídeo do filme)
5. Please, Please (Vídeo)
6. Bastidores da gravação de "Please, Please"
7. Pôster do filme *Sorte no Amor*

Star Girl

CD 1
1. Star Girl
2. We Are The Young

CD 2
1. Star Girl
2. Silence Is a Scary Sound (Ao vivo)
3. Transylvania
4. Star Girl (Versão U-Myx)
5. Silence Is a Scary Sound (Vídeo ao vivo)
6. Pôster

DVD
1. Star Girl
2. Star Girl (Vídeo)
3. Bastidores da gravação de *Sorte no Amor*
4. Cena de Harry no filme *Sorte no Amor*

Sorry's Not Good Enough/ Friday Night

CD
1. Sorry's Not Good Enough
2. Friday Night
3. Rockin' Robin
4. Sorry's Not Good Enough (Versão ao vivo)
5. Sorry's Not Good Enough (Vídeo ao vivo)

DVD
1. Sorry's Not Good Enough
2. Friday Night
3. Motion In The Ocean Tour Movie (Vídeo)
4. Sorry's Not Good Enough (Vídeo)
5. Festa de lançamento do álbum (Vídeo)

Transylvania/ Baby's Coming Back

CD
1. Baby's Coming Back
2. Transylvania
3. You've Got To Fight (Ao vivo)

DVD
1. Baby's Coming Back
2. Transylvania
3. Transylvania (Vídeo)
4. Filmagem exclusiva da abertura da *Up Close and Personal Tour* (Vídeo)
5. Visita ao estúdio

Em 22 de outubro de 2007, o McFly lançou o single "The Heart Never Lies", com uma das faixas inéditas que faziam parte do álbum *Greatest Hits* (versão simples) e *All The Greatest Hits – Special Fan Edition* (versão *deluxe*). "The Heart Never Lies" alcançou o terceiro lugar nas paradas britânicas.

The Heart Never Lies

CD 1
1. The Heart Never Lies (Versão completa)
2. Umbrella

CD 2
1. The Heart Never Lies (Versão de rádio)
2. Ignorance
3. Entrevista com perguntas de fãs
4. Sofa, Hyundai, Administration
5. The Heart Never Lies (Vídeo)

7" Vinil
1. The Heart Never Lies (Versão completa)
2. The Heart Never Lies (Versão de rádio)

O quarto álbum de músicas inéditas do Mcfly, *Radio:ACTIVE,* teve o primeiro single, "One For The Radio", lançado em 14 de julho de 2008 e conseguiu a segunda posição no *UK Singles Chart.* "Lies" estreou em 15 de setembro de 2008 e chegou à quarta posição. "Do Ya/ Stay With Me", lançado em 24 de novembro de 2008, foi o primeiro *single* da banda que não ficou entre as dez primeiras posições no *UK Singles Chart,* e sua melhor colocação nas paradas foi a décima oitava. "Falling In Love", último single desse álbum, foi lançado no dia 10 de maio de 2009 e feito para promover o segundo DVD ao vivo da banda, *Radio:ACTIVE Live At Wembley.*

One For The Radio

CD 1
1. One For The Radio (Versão de rádio)
2. Do Ya (Versão acústica)

CD 2
1. One For The Radio (Versão de rádio)
2. Falling In Love (Versão acústica)

CD 3
1. One For The Radio (Versão de rádio)
2. POV (Versão acústica)

Lies

CD 1
1. Lies (Versão do álbum)
2. Winner Takes It All (Versão acústica)

CD 2
1. Lies (Versão do álbum)
2. Going Through The Motions (Ao vivo)
3. The End (Versão acústica)
4. Entrevista

DVD
1. Lies (Vídeo completo)
2. Documentário por trás das câmeras da filmagem de "Lies"
3. Lies
4. Vídeo extra

Do Ya/ Stay With Me

CD 1
1. Do Ya
2. Stay With Me
3. I Kissed a Girl (Radio 1 Live Lounge Session)
4. Lies (Radio 1 Live Lounge Session)

DVD
1. Do Ya
2. Stay With Me

3. Do Ya (Bastidores do clipe)
4. McFly no Brasil

Falling In Love

CD Promocional
Falling In Love (Versão de rádio)

CD Brasileiro
1. Falling In Love (Versão de rádio)
2. Lies (Johnny Phonett remix)
3. The Heart Never Lies (Versão completa)
4. Falling In Love (Vídeo)

O quinto e mais recente álbum de músicas inéditas do McFly, *Above The Noise*, que marcou uma mudança no estilo da banda, teve o primeiro single, "Party Girl", lançado em 6 de setembro de 2010. Em seguida veio "Shine a Light", com a participação de Taio Cruz, lançado em 7 de novembro de 2010. "That's The Truth", último single inédito lançado pela banda, veio a se tornar público em 7 de março de 2011. Nenhum desses singles chegou às três primeiras posições no *UK Singles Chart*.

Party Girl

CD 1
1. Party Girl
2. Sunny Side Of The Street (Demo caseira)

CD 2
1. Party Girl
2. Hotel On a Hill
3. Party Girl (Danny Jones remix)
4. Party Girl (Doman & Gooding remix)

7" Vinil
Party Girl

Shine a Light

CD 1
1. Shine a Light (Participação de Taio Cruz)
2. Shine a Light (Participação de Taio Cruz) (WestFunk & Steve Smart Remix)

CD 2
1. Shine a Light (Versão só com o McFly)
2. Dynamite (Radio 1 Live Lounge Session)
3. I'll Be Your Man (Versão acústica)
4. End Of The World (Versão acústica)

7" Vinil
Shine a Light (Participação de Taio Cruz)

That's The Truth

CD 1
1. That's The Truth
2. Shine a Light (Ao vivo)

CD 2
1. That's The Truth
2. I'll Be Your Man (Ao vivo)
3. I Need a Woman (Ao vivo)
4. Nowhere Left To Run (Danny Jones remix)

7" VINIL
1. That's The Truth
2. That's The Truth (7th Heaven Club Mix edit)

EP do iTunes
1. That's The Truth
2. Shine a Light (Ao vivo)
3. That's The Truth (7th Heaven Club Mix edit)
4. I'll Be Your Man (Ao vivo)

Love Is Easy (11 de novembro de 2012)

"Love Is Easy" faz parte do álbum *Memory Lane: The Best of McFly.*

Christie Goodwin/Redferns via Getty Images

Tom Fletcher e Danny Jones no BT London Live, no Hyde Park, em Londres.

4

Videografia

DVDs

Wonderland Tour 2005 – Live In Manchester

Lançamento no Reino Unido: 28 de novembro de 2005.

Gravado ao vivo na Manchester Arena, em Manchester, o DVD *Wonderland Tour 2005 – Live In Manchester* foi o primeiro registro oficial de um show completo do McFly.

A apresentação conta com os principais sucessos dos dois primeiros álbuns da banda, *Room On The 3rd Floor* e *Wonderland*, além de um cover da música "Pinball Wizard", do The Who, e um trecho de *American Idiot*, do Green Day, introduzida durante a apresentação de "5 Colours In Her Hair".

O conteúdo extra do DVD traz um documentário de vinte minutos mostrando a vida da banda na estrada, uma galeria de fotos e dois vídeos escondidos, que mostram cenas do McFly nos bastidores do show.

Wonderland Tour 2005 – Live In Manchester
1. Músicas
I've Got You
Nothing
Obviously
Ultraviolet
Too Close For Comfort
That Girl
Silence Is a Scary Sound
She Falls Asleep
Unsaid Things
The Ballad Of Paul K
Don't Know Why
5 Colours In Her Hair
Pinball Wizard
Room On The 3rd Floor
Memory Lane

All About You I'll Be Ok I Wanna Hold You
2. *Rocking and Dimming* (Documentário sobre a vida do McFly na estrada)
3. Galeria de fotos

Sorte no Amor (*Just My Luck*)

Lançamento do DVD nos EUA: 22 de agosto de 2006.
Lançamento do DVD no Brasil: 29 de setembro de 2006.

Em 2005, o McFly embarcou para os Estados Unidos para participar das filmagens do filme *Sorte no Amor*. A comédia romântica foi dirigida por Donald Petrie e protagonizada por Lindsay Lohan e Chris Pine, tendo ainda em seu elenco Samaire Armstrong, Faizon Love, Bree Turner, Missi Pyle, Makenzie Vega, Chris Carmack e Carlos Ponce.

Ashley (Lindsay Lohan) é uma mulher que sempre teve a sorte a seu lado, ao contrário de Jake (Chris Pine), que tem de conviver diariamente com seu azar. Após um beijo, que ocorre durante um baile de máscaras, misteriosamente tudo começa a dar certo na vida de Jake, enquanto a de Ashley vai de mal a pior.

A participação do McFly no filme está ligada diretamente ao personagem Jake, o empresário da banda, que tenta a qualquer custo fazer com que ela assine com uma gravadora. O McFly toca as músicas "5 Colours In Her Hair", "Too Close For Comfort", "I'll Be Ok" e "I've Got You" ao longo do filme, tendo também "All About You" apresentada durante os créditos finais.

Nos Estados Unidos, *Sorte no Amor* estreou no dia 12 de maio de 2006, em 4º lugar nas bilheterias, arrecadando 5,5 milhões de dólares em sua primeira semana de lançamento. O filme estreou dia 9 de junho de 2006 nos cinemas brasileiros e ficou entre o Top 5 e Top 10 de filmes mais vistos na época durante um bom tempo.

Just

Gregg DeGuire/WireImage

McFly, Lindsay Lohan e sua irmã Ali, no tapete vermelho do filme *Sorte no Amor* em Los Angeles (Estados Unidos).

Um CD do McFly foi lançado como trilha sonora do filme, contendo músicas dos primeiros álbuns da banda, sendo que "5 Colours In Her Hair" ganhou uma nova versão, além da inédita "Just My Luck", que deu nome ao álbum e foi gravada especialmente para o longa. Esse álbum esgotou nas lojas brasileiras na primeira semana de venda.

Sorte no Amor
1. Filme
2. Extras do DVD: - Participações especiais - Fox Movie Channel Apresenta: Escolha do Elenco - Cenas excluídas/ estendidas - Perfil de Lindsay Lohan - Perfil de Chris Pine - Cenas do concerto do McFly

All The Greatest Hits

Lançamento no Reino Unido: 3 de dezembro de 2007.
Lançamento no Brasil: 20 de fevereiro de 2008.

Filmado no Wolverhampton Civic Hall no dia 27 de setembro durante a *Greatest Hits Tour 2007*, o *All The Greatest Hits* foi o primeiro DVD do McFly lançado no Brasil.

Além dos principais sucessos da banda, o show conta também com a performance da inédita "The Heart Never Lies", um *cover* de "Umbrella", da cantora Rihanna, e de "Don't Stop Me Now", do Queen.

Os extras trazem os dezoito videoclipes lançados pela banda até então, além de um documentário de dez minutos, intitulado *The Kids Are Alright*.

No Brasil, foi realizada uma festa para o lançamento do DVD, a Launch Party, organizada pelo site McFly Addiction em parceria com a Universal Music. O evento foi realizado no The Wall Café, em São Paulo, no dia 17 de fevereiro, e contou com a presença de aproximadamente quinhentos fãs, além de shows de duas bandas tocando músicas do McFly.

O DVD *All The Greatest Hits* chegou à primeira posição de vendas no Brasil.

All The Greatest Hits
1. Músicas: That Girl Friday Night Obviously Star Girl Broccoli I Wanna Hold You I'll Be Ok Transylvania The Heart Never Lies Umbrella All About You Please, Please Room On The 3rd Floor Don't Stop Me Now 5 Colours In Her Hair
2. Videoclipes
3. Documentário *The Kids Are Alright*

Radio:ACTIVE – Documentário

Lançamento no Brasil: 17 de dezembro de 2008.

Feito exclusivamente para o público brasileiro, o *Radio:ACTIVE – Documentário* foi um complemento do álbum *Radio:ACTIVE*, lançado aqui apenas em sua versão simples.

Assim como o DVD da edição *deluxe* do álbum britânico, que mostra os bastidores de gravação do CD, além de diversas imagens da estadia do McFly na Austrália, o *Radio:ACTIVE – Documentário* conta também com um vídeo a mais, que mostra algumas cenas da primeira passagem da banda pelo Brasil.

Radio:ACTIVE – Documentário
1. *Making of* de *Radio:ACTIVE*
2. Na estrada com McFly – Verão de 2008
3. McFly no Brasil

Radio:ACTIVE Live At Wembley

Lançamento no Reino Unido: 11 de maio de 2009.
Lançamento no Brasil: 18 de maio de 2009.

Esse DVD do McFly foi filmado na Wembley Arena, em Londres, no dia 27 de novembro de 2008, durante a turnê *Radio:ACTIVE*. Com um show repleto de sucessos antigos e novos da banda, além de um *cover* de "Black or White", do Michael Jackson, o McFly mostra sua melhor performance.

Um documentário filmado e dirigido por Paul Caslin e indicado ao Grammy Awards, intitulado *McFly Evolution*, vem nos extras do DVD e mostra os bastidores da turnê da banda.

O DVD fez tanto sucesso, que ficou durante três semanas em primeiro lugar na lista de mais vendidos no Reino Unido. No Brasil, o material também alcançou a primeira posição.

Um CD ao vivo, *Radio:ACTIVE – Live At Wembley*, também foi lançado, mas contendo algumas faixas a menos do que o DVD.

Radio:ACTIVE Live At Wembley
1. Músicas One For The Radio Everybody Knows Going Through The Motions Obviously Transylvania Corrupted POV Falling In Love Star Girl

That Girl Do Ya? Black or White Room On The 3rd Floor All About You The Last Song Lies 5 Colours In Her Hair
2. Documentário *McFly Evolution*

Nowhere Left To Run

Lançamento no Reino Unido: 29 de novembro de 2010.
Lançamento no Brasil: 26 de janeiro de 2011.

Com o sucesso da saga *Crepúsculo* e de seriados como *The Vampire Diaries* e *True Blood*, o McFly aproveitou a onda vampiresca para filmar o primeiro curta-metragem da banda, *Nowhere Left To Run*.

Um dos integrantes da banda começa a agir de forma diferente após se tornar um vampiro, e isso interfere em sua relação com os outros três. Interpretando eles mesmos, o McFly aproveita para divulgar algumas músicas do então novo álbum da banda, *Above The Noise*, em meio a cenas divertidas, sensuais e sangrentas.

O curta foi liberado primeiramente para os *Pioneers* do site oficial do McFly, no dia 13 de outubro de 2010 e, posteriormente, foi lançado em DVD com alguns conteúdos exclusivos.

Nowhere Left To Run
1. Nowhere Left To Run – Curta-metragem
2. Nowhere Left To Run – *Making of*
3. Nowhere Left To Run – Erros de Gravação
4. Party Girl – Versão censurada
5. Shine a Light
6. End Of The World
7. Nowhere Left To Run – Trailer

Videoclipes

1. 5 Colours In Her Hair – 2004

Participação especial: Molly Portsmouth, como a garota de cinco cores no cabelo.

O vídeo começa com a banda se apresentando, como se os rapazes estivessem numa história em quadrinhos. Inspirado em um programa de televisão da época, conta a história de uma garota de cabelo colorido – mais precisamente, cinco cores –, com *piercing* no lábio, tatuada e de roupas alternativas. Ela não compreende a fama de seu namorado, deixando-o para trás e raspando a cabeça.

Nessa época, ter cabelos coloridos virou moda. A mãe de Danny, Kathy Jones, proprietária de um salão de beleza, contou que todas as adolescentes que apareciam por lá queriam pintar os cabelos com cinco cores diferentes.

2. Obviously – 2004

A música é baseada na história de amor – até então fracassada – entre Tom Fletcher e sua atual esposa (na época ex-namorada) Giovanna. O vídeo fala da frustração do guitarrista por ter sido trocado por um soldado da marinha bem mais velho que ele e por nunca ser bom o suficiente para ela.

O clipe se passa num campo de golfe, em que a garota mais cobiçada pelo McFly namora um cara que mal entende por que ele está ali. Para não dizer que eles saem com as mãos abanando, ganham uma moeda de uma libra da bonitona da vez.

3. That Girl – 2004

Os garotos trabalham num posto de gasolina onde a garota com quem flertam aparece de carro. Eles tentam chamar a atenção dela a todo custo, mas, no dia seguinte, ela aparece com um cara bem mais velho que eles. O videoclipe traduz bem o que a letra da música quer passar: eles nunca serão bons o suficiente para ela.

4. Room On The 3rd Floor – 2004

Homônima ao álbum de estreia, a faixa conta como foi a estadia da dupla inicial (Tom Fletcher e Danny Jones) no quarto de hotel capenga onde compuseram a maioria das músicas do primeiro álbum. A música diz que o quarto tinha uma cama quebrada, o ar-condicionado parado no "quente" e cortinas baratas de náilon. Porém, a banda já chegou a afirmar que o quarto não era tão ruim assim.

O vídeo mostra os rapazes como brinquedos de plástico de montar da marca japonesa Tamyia. Com eles estão os manuais de instruções de cada membro da banda, do *roadie* e de duas fãs.

5. All About You – 2005

Participações especiais: Fearne Cotton, Johnny Vegas, Davina McCall, Ben Miles, Lee Hurst, Graham Norton, Dermot O'Leary, Simon Amstell, Ruby Wax, Kate Thornton e Harry Hill.

Harry se atrasa pela primeira vez (de todas as vezes que todos ficam esperando por ele, vide o filme *Sorte no Amor* e o curta *Nowhere Left To Run*) para a performance no estúdio, sendo barrado por um segurança, pois a gravação já havia começado. Harry tenta convencê-lo de que faz parte da banda, mas o homem não se dá por vencido. O baterista, então, consegue suborná-lo, entregando-lhe revistas da banda Busted.

6. You've Got a Friend – 2005

Gravado em Uganda, o videoclipe conta com a participação de crianças da organização Comic Relief – da qual a banda é embaixadora oficial. A composição é de Carole King, mas ficou famosa por James Taylor.

7. I'll Be Ok – 2005

Com Dougie Poynter como protagonista, o vídeo mostra a banda em diversas situações de azar, mas sempre dizendo que ficarão bem no fim de tudo. Em certo momento do clipe, Dougie se encontra pendurado no parapeito de um prédio, quando Tom acidentalmente o derruba.

A música toda faz alusão a alguém que não se sente bem consigo mesmo, por isso se afunda nas bebidas, na esperança de que isso realmente melhore sua vida. Coincidência ou não, Dougie foi para a reabilitação em 2010, depois de travar uma batalha difícil contra as drogas, a depressão e até mesmo uma tentativa de suicídio.

8. Pinball Wizard – 2005

Cover de uma música do The Who, é um clipe caseiro com cenas gravadas pelo próprio McFly imitando clipes do Queen.

9. I Wanna Hold You – 2005

"I Wanna Hold You" é uma das canções mais maduras do McFly. Houve uma versão anterior, escrita por Tom e Danny, que não se encaixava no repertório do álbum *Wonderland*, por ser mais adulto que o anterior, *Room On The 3rd Floor*. A segunda versão, presente no videoclipe e nos singles, foi escrita por Tom e Dougie, adaptando-se mais às faixas.

O clipe apresenta a banda com roupas sociais, tocando em frente a um grupo de garotas que usam perucas loiras e tocam violino.

Na metade do vídeo, uma tinta prata começa a escorrer do fundo, onde há um grande mapa do mundo. A tinta escorre dos violinos e das botas das moças também. Uma grande poça de tinta se forma no meio do cenário, de onde sai uma mulher em câmera lenta.

10. The Ballad Of Paul K – 2005

A música, composta por Tom, Danny e Dougie, foi inspirada em seus pais. O clipe lembra o estilo de Tim Burton: *stop motion* e escuro. Para os fãs que querem entender mais, *stop motion* é uma técnica de animação feita por fotografias, quadro a quadro. Geralmente é feito com modelagem e objetos inanimados, mas, neste caso, foram feitas imagens paradas da banda e do ator.

Esse é um dos vídeos mais obscuros da banda, feito em sincronia com a letra da música: a história de um homem de meia-idade cuja vida está à beira do caos, já que sua família o deixou.

Para combinar com o clima noturno, os rapazes do McFly usam máscaras e maquiagem forte.

11. Ultraviolet – 2005

O vídeo é uma compilação de cenas extraídas do DVD *The Wonderland Tour*, em prol de sua divulgação.

12. Please, Please – 2006

"Please, Please" conta a história de uma garota ruiva de olhos verdes. A banda assumiu que essa era uma referência clara a Lindsay Lohan – protagonista do filme *Sorte no Amor*. A atriz teve um affaire com Harry na época das gravações. O clipe se passa num hospital, onde os rapazes – como pacientes – tentam chamar a atenção da enfermeira a qualquer custo, vestindo-se de médicos e até mesmo de enfermeira. Porém, somente Harry consegue ser notado. Além disso, o nome da enfermeira é Lindsay Albright (nome da atriz: Lindsay Lohan + sobrenome da personagem do filme: Ashley Albright).

Esse vídeo marca o início das aparições públicas dos integrantes do McFly sem roupa, o que ocasionou certa dor de cabeça na época. O clipe foi proibido na BBC e no Channel 4.

13. Don't Stop Me Now – 2006

O vídeo contém cenas da banda como embaixadores do Sport Relief, treinando e praticando corrida. Também tem imagens do grupo em um programa de TV apresentando um *cover* do Queen.

14. Star Girl – 2006

Em "Star Girl", Dougie é novamente o protagonista e tem como objetivo preparar-se para ir ao espaço com os recursos que lhe são oferecidos. Há uma série de tomadas gravadas nos fundos da casa de Danny, em Bolton, com uma câmera doméstica. Os takes foram feitos em 20 de setembro de 2006, segundo a própria gravação.

As tomadas alternam-se com uma performance da banda em Londres, num *pocket show* para os fãs. No fim do clipe, Dougie consegue viajar para o espaço.

A segunda versão, um pouco mais curta que esta descrita acima, é composta de cenas caseiras gravadas pelos próprios rapazes em ensaios, turnês e até mesmo durante a gravação do clipe oficial. O nome do boneco, dublê de Dougie, é Richard. Danny tem um affaire com Richard nessa segunda versão.

Ainda há uma primeira versão da música "Star Girl", intitulada "Good Night", escrita por Tom após um sonho. Nesse sonho, ele estava compondo uma música no estilo da banda Westlife, sobre se apaixonar por uma garota alienígena. A banda achou melhor aprimorar a ideia, e então nasceu "Star Girl".

15. Sorry's Not Good Enough – 2006

Tom é o protagonista da vez. Ele tenta convencer sua amada de que está arrependido de tudo de ruim que já lhe tenha causado. Fletcher faz uma serenata, com a ajuda de seus companheiros de banda, todos caracterizados como mexicanos, usando chapéus e roupas típicas.

No início do videoclipe, a garota sentada no meio de um restaurante cheio parece estar somente chorando pelas coisas que Tom diz a ela em forma de canção, enquanto os outros McFly's se passam por garçons. Mas o que realmente acontece é que ela está amarrada à cadeira, com Dougie e Harry a alimentando. As outras pessoas não são de verdade; são bonecos, como o Richard, de "Star Girl".

O clipe continua com vídeos supostamente caseiros do casal projetados em um telão. Tom até lhe oferece um anel de noivado, mas ela recusa.

Por fim, a garota consegue se soltar da cadeira e vai ao encontro do romântico cantor, fingindo lhe dar um abraço, mas o trai, quando lhe dá um chute bem entre as pernas e vai embora. Danny, Dougie e Harry riem da situação de dor em que Tom se encontra.

16. Friday Night – 2006

O vídeo conta com cenas da banda pelas ruas e pontos turísticos de Londres. As imagens foram gravadas por eles mesmos, todos caracterizados como o guarda noturno do filme *Uma Noite no Museu*, com Ben Stiller. Eles se passam por guardas do Museu Britânico de História Natural, onde o filme foi rodado. A música faz parte da trilha sonora oficial do longa-metragem, e a letra descreve seu enredo.

17. Transylvania – 2006

"Transylvania" foi escrita por Dougie e é baseada, como dito anteriormente, na história de Anne Boelyn (Ana Bolena), a segunda esposa do rei Henrique VIII da Inglaterra. Acusada de adultério, incesto e uso de feitiçaria, ela morreu decapitada na Torre de Londres.

O clipe foi gravado em um castelo antigo. Filmado em preto e branco, o vídeo imita a arte do cinema mudo da década de 1930 e faz referência às cenas do romance de Bram Stoker, *Drácula*, com Tom interpretando o vampiro, que também é o narrador de toda a história. Os garotos estão caracterizados de mulher em boa parte do vídeo.

18. Baby's Coming Back – 2006

Cover da banda Jellyfish, o vídeo mostra cenas da banda na turnê *Up Close and Personal*, de 2007. O clipe ganhou duas versões oficiais nas mãos do McFly.

A segunda versão tem quatro telefones celulares representando cada integrante do grupo, com os rapazes sendo filmados de dentro de cada um deles e cantando a música. O vídeo fez parte da campanha *Join Up* para a organização Send My Friend To School (Mande meu amigo para a escola) – sendmyfriend.org.

19. The Heart Never Lies – 2007

Participações especiais: Tom Graham e Vanessa Kirby.

Em 8 de setembro de 2007 foi enviado um comunicado aos fãs pelo MySpace da banda de que eles haviam gravado o clipe de "The Heart Never Lies" na cidade de Bath, Inglaterra. O vídeo foi lançado oficialmente em 21 de setembro de 2007 nos canais musicais de TV.

"The Heart Never Lies" é um dos clipes mais sentimentais da banda. Faz parte da transição da Island à Super Records, por ser o último clipe pelo antigo selo. No vídeo, a banda toca ao ar livre, debaixo de chuva, e um casal de atores briga e afunda depois que o rapaz perde o controle do carro.

A chuva, gentilmente cedida pelos bombeiros locais, era falsa – e gelada, o que rendeu a Tom uma gripe. Segundo o próprio guitarrista, a música não trata de um romance, e sim da banda.

Nos shows de 2010 para cá – ano em que a banda enfrentou problemas pessoais graves –, essa música voltou para o repertório, com uma pequena modificação no verso "*Another year over and we're still together. It's not always easy, but I'm here forever*" (Outro ano acabou, e nós continuamos juntos. Nem sempre é fácil, mas estou aqui para sempre), que ficou "*Another year over and we're still together. It's not always easy, but McFly is here forever*" (Outro ano acabou, e nós continuamos juntos. Nem sempre é fácil, mas o McFly está aqui para sempre).

A imagem de um coração partido e sangrando, logotema desse single, foi utilizado por toda a turnê do *All The Greatest Hits*.

20. One For The Radio – 2008

Gravado no Canadá e dirigido por Steve Jocz (baterista da banda Sum41), "One For The Radio" é o videoclipe e a música mais revolucionários do McFly, já sob o selo independente Super Records. O início do vídeo é uma paródia do filme *De Volta Para o Futuro*, em que o personagem principal, Marty McFly, liga sua guitarra num amplificador enorme, assim como Danny faz no topo de um prédio. Em seguida, a banda está tocando seus instrumentos no mesmo lugar, atrás do amplificador.

O que o McFly mais preza no álbum *Radio:ACTIVE* como um todo é o distanciamento deles da antiga gravadora, que manipulava seus hits para que fossem conhecidos pelo mundo como a típica sensação pop. "One For The Radio" é baseada na massificação das pessoas (interpretadas por bailarinos) por meio da música. A letra diz claramente que eles não se importam com o que dizem sobre eles (agora longe da Island/ Universal) e que sabem o quanto são adorados até mesmo por aqueles que dizem odiá-los.

21. Lies – 2008

Participação especial: Jo-Emma Larvin.
Direção: Chris Hopewell e Ben Foley.

Com direção de Chris Hopewell e Ben Foley, esse é um dos videoclipes de mais alto investimento que a banda já fez. Na época, foi a maior superprodução em que o McFly esteve envolvido. Foi gravado em Somerset, Berrow Beach – onde também foi feito o filme *Elizabeth: A Era de Ouro* – e produzido pela empresa Collision Films.

Baseado no filme *Mad Max* (1979), "Lies" tem um clima apocalíptico, e a falta de água é motivo de brigas. O vídeo se desenrola em torno da busca pela água, para que eles possam continuar seu caminho. Então, eles encontram a rainha do local e travam uma batalha contra ela.

O clipe também conta com um elenco de bailarinos, com o McFly tocando seus instrumentos feitos de sucata e efeitos especiais.

"Lies" estreou no Channel 4 em 23 de agosto de 2008, e na MTV Brasil em 7 de outubro em 2008. A música fez parte da trilha sonora da novela brasileira *Caminho das Índias*.

22. Do Ya – 2008

Lançado em primeira mão pelo MySpace da banda, "Do Ya" tem temática natalina. Os rapazes aparecem como presentes e depois começam a tocar seus instrumentos. Em seguida, zumbis invadem a casa. Quando a banda se dá conta do que está acontecendo, com o videoclipe terminando, eles fogem com a McMistery – van que também está presente em "Lies" – e voam em direção à Lua, com Tom na direção. O vídeo contém um aviso que pode ser assustador para crianças.

Esse clipe foi especialmente feito para o *Children in Need* e filmado na mesma casa que aparece em "Transylvania". Há boatos de que os zumbis façam referência aos fãs mais assanhados.

"Do Ya" fez parte da trilha sonora da novela brasileira *Três Irmãs*.

23. Falling In Love – 2009

Com cenas extraídas do DVD *Radio:ACTIVE Live At Wembley*, o clipe foi lançado somente como single promocional.

24. Party Girl – 2010

De volta à Universal Music, "Party Girl" é um teaser do curta-metragem vampiresco *Nowhere Left To Run*, interpretado pela própria banda. Há cenas do filme e dos rapazes tocando. Foi o primeiro clipe divulgado com exclusividade aos assinantes do Super City.

A produção custou £350.000 e ganhou o prêmio 4Music Video Honours de melhor clipe do ano de 2010.

25. Shine a Light – 2010

Participação especial: Taio Cruz.

Gravado em 21 de setembro de 2010, o clipe, dirigido por Phil Griffin, conta com a participação de fãs que se propuseram a entrar em um tipo de "caça ao tesouro" acompanhando dicas pelo Twitter oficial da banda para chegarem ao local das filmagens: 3 Mills Studio, em Londres.

Na página inicial do Super City, houve um *live streaming* por mais de dez horas mostrando a banda nos bastidores, até o fim das gravações.

O clipe conta com os integrantes do McFly, Taio Cruz, fãs e algumas bailarinas – os rapazes confessaram, inclusive, que foram inspirados pelas bailarinas do programa *Domingão do Faustão*!

26. That's The Truth – 2011

Gravado em 14 de janeiro de 2011, a banda colocou novamente um *live streaming* e um teaser no Super City enquanto produziam o clipe. O lançamento aconteceu no dia 25 do mesmo mês.

Dougie é novamente o protagonista, ocasionando rumores na mídia, e até mesmo entre os fãs, de que seria uma resposta para o término de seu relacionamento com Frankie Sandford. No clipe, o baixista se encontra cabisbaixo, em meio ao caos de seu quarto, com porta-retratos destruídos. Uma onda leva todas as coisas que existem naquele cômodo, menos Dougie.

A música diz: "*I haven't been messing around. I wouldn't ever go out and do the things that you don't want me to do*" (Eu não fico por aí. Eu nunca sairia e faria coisas que você não quer que eu faça).

"That's The Truth" teve Luke Bellis na direção técnica e Will Field como diretor de arte.

27. Love Is Easy – 2012

O clipe de "Love Is Easy" foi dirigido por David Spearing e gravado em apenas um dia (9 de outubro de 2012), com poucas horas de ensaio. Novamente com a participação dos fãs, dessa vez com os locais de filmagens enviados por e-mail aos assinantes do Super City. O vídeo viaja pelo passado da banda, relembrando momentos importantes. Os quatro integrantes recriam as capas de seus álbuns em ordem cronológica junto à encenação da letra da música.

O vídeo também faz menção a pontos marcantes da carreira, como Danny reinterpretando a vitória do McFly no Brit Awards, Harry mostrando seu troféu do *Strictly Come Dancing* e Dougie como o Rei da Selva, título que recebeu ao vencer o programa *I'm a Celebrity... Get Me Out of Here!*.

Há no clipe uma referência ao filme *A Felicidade Não Se Compra* (*It's a Wonderful Life*), de 1946, e a versão de estúdio da música tem um trecho de áudio do filme. No final, a banda toca para vários fãs que seguram cartazes, pulam e cantam para a câmera. A última cena mostra o agradecimento da banda com a simples frase "for the fans" (para os fãs), demonstrando que tudo que foi filmado é dedicado aos admiradores do McFly.

5

Turnês

Primeiro show do McFly em turnê no Wolverhampton Civic Hall (Inglaterra), parte da *Room On The 3rd Floor Theatre Tour*, em 2004.

Rowen Lawrence/WireImage

Room On The 3rd Floor Theatre Tour (2004)

A primeira turnê da banda teve início apenas dezesseis dias após o lançamento do terceiro single do álbum *Room On The 3rd Floor*, "That Girl". Ela começou no dia 22 de setembro de 2004, em Wolverhampton, e terminou no dia 13 de outubro de 2004, em Londres. Os quinze shows dessa turnê tiveram os ingressos esgotados.

Setlist
1. Saturday Night 2. Down By The Lake 3. Obviously 4. Surfer Babe 5. That Girl 6. Met This Girl 7. Not Alone 8. She Left Me 9. Hypnotised 10. She Loves You (*Cover* do The Beatles) 11. Room On The 3rd Floor Encore: 12. Broccoli 13. 5 Colours In Her Hair

The Wonderland Tour (2005)

A segunda turnê do McFly foi a primeira a ter apresentações em arenas. *The Wonderland Tour* já chegou com muitas outras novidades: na música "Ultraviolet", que faz parte do álbum *Wonderland* (o trabalho divulgado nessa turnê), as luzes adquiriam uma tonalidade violeta. Em "That Girl", do primeiro álbum da banda, um enorme par de pernas femininas decorou o palco onde os garotos tocavam. Em "I Wanna Hold You", do segundo álbum, em certos momentos houve explosões com fogo, criando um clima ainda mais forte de espetáculo. Para deixar a turnê ainda mais especial, uma orquestra os acompanhou. Com tantos caprichos e o sucesso que os britânicos estavam fazendo, era mais que necessário que eles gravassem um DVD do show, e isso foi feito durante a apresentação em Manchester. Essa turnê começou no dia 15 de setembro de 2005, em Birmingham, e terminou no dia 12 de outubro de 2005, em Nottingham.

Setlist
1. I've Got You
2. Nothing
3. Obviously
4. Ultraviolet
5. Too Close For Comfort
6. Silence Is a Scary Sound
7. She Falls Asleep
8. Unsaid Things
9. The Ballad Of Paul K.
10. Don't Know Why
11. 5 Colours In Her Hair (Com *mash-up* de "American Idiot", do Green Day)
12. Pinball Wizard (*Cover* do The Who)
13. Room On The 3rd Floor
14. Memory Lane
15. All About You
16. I'll Be Ok
17. I Wanna Hold You

Motion In The Ocean Tour (2006)

Para a divulgação do terceiro álbum do McFly, *Motion In The Ocean Tour* teve início em 21 de julho de 2006, em Newmarket, e terminou dia 25 de novembro de 2006 em Minehead. Com diversos elementos divertidos e diferentes, o show realizado em Wembley foi gravado para fazer parte do DVD que acompanha a edição *deluxe* de *Motion In The Ocean*, lançado em 14 de maio de 2007. Entre decorações de fundo, vídeos e bolas de praias gigantes para interagir com a plateia, o palco

Jo Hale/Getty Images

Tom Fletcher no palco durante show na Wembley Arena Pavilion em Londres. O show fez parte da *The Wonderland Tour*, em 2005.

também contou com um andar superior em que Tom, Dougie e Harry descansaram um pouco, em um clima praiano e descontraído, enquanto o vocalista Danny Jones fazia sua apresentação solo de "Not Alone". As bandas de abertura da turnê foram The Click Five e Nylon.

Setlist
1. Please, Please
2. I Wanna Hold You
3. All About You
4. We Are The Young
5. Surf Medley (Surfer Babe, Down By The Lake, That Girl e She Left Me)
6. Star Girl
7. I'll Be Ok
8. Sorry's Not Good Enough
9. (You Gotta) Fight For Your Right (To Party!) (*Cover* dos Beastie Boys)
10. Not Alone
11. Room On The 3rd Floor
12. Ghostbusters (*Cover* do Ray Parker Jr.)
13. I've Got You
14. Obviously
15. Don't Stop Me Now (*Cover* do Queen)
16. 5 Colours In Her Hair

Up Close... And Very Personal Tour (2007)

Com o objetivo de levar os shows do McFly para espaços menores, onde a banda ainda não tinha passado durante as turnês de arena, a *Up Close... And Very Personal Tour* teve início em 20 de março de 2007, em Bradford, e terminou dia 14 de maio de 2007, em Birmingham. No *setlist* foram inclusos *covers* do Jellyfish ("Baby's Coming Back") e Queen ("Don't Stop Me Now"). A abertura dos shows ficou por conta do ator e cantor Lil' Chris.

Setlist
1. Friday Night
2. Please, Please

3. Obviously
4. Star Girl
5. Too Close For Comfort
6. Silence Is a Scary Sound
7. Baby's Coming Back (*Cover* do Jellyfish)
8. I'll Be Ok
9. Bubblewrap
10. All About You
11. That Girl
12. Don't Stop Me Now (*Cover* do Queen)
13. Room On The 3rd Floor
14. Transylvania
15. 5 Colours In Her Hair

The Greatest Hits Tour (2007)

O terceiro DVD do McFly veio com a turnê do álbum *All The Greatest Hits*, com início no dia 29 de setembro de 2007, em Brighton, e término em 6 de dezembro de 2007, em Londres. Nela, os meninos reviveram os hits que mais marcaram sua carreira. A turnê tinha uma ambientação sem muitas decorações e grandiosidades, em um clima mais pessoal.

Setlist

1. That Girl
2. Friday Night
3. Obviously
4. Star Girl
5. Ultraviolet
6. Sorry's Not Good Enough
7. Transylvania
8. I'll Be Ok
9. I Wanna Hold You
10. The Heart Never Lies
11. Umbrella (*Cover* da Rihanna)
12. All About You
13. Please, Please

Terry George/WireImage

Primeiro show da *Up Close & Very Personal Tour* no Bradford St. Georges Hall, em 2007.

14. Room On The 3rd Floor
15. Don't Stop Me Now (*Cover* do Queen)
16. 5 Colours In Her Hair

Radio:ACTIVE Tour (2008)

A turnê de divulgação do quarto álbum da banda começou no dia 7 de novembro de 2008, em Sheffield, e terminou dia 27 de novembro de 2008, em Londres. A turnê também ganhou uma gravação em DVD durante o show em Wembley, no qual é possível ver que os garotos investiram em uma ótima *setlist*, isso sem contar as novidades, como o palco que se ergue sobre a plateia (onde eles tocaram, inclusive, "Star Girl" e "That Girl") e a aparição-surpresa de Danny Jones em outro palco menor, do lado oposto do principal.

Setlist

1. One For The Radio
2. Everybody Knows
3. Going Through The Motions
4. Transylvania
5. Corrupted
6. POV
7. Obviously
8. Falling In Love
9. Star Girl
10. That Girl
11. Do Ya
12. Black or White (*Cover* de Michael Jackson)
13. Room On The 3rd Floor
14. All About You
15. The Last Song

Encore:

16. Lies
17. 5 Colours In Her Hair

Shirlaine Forrest/WireImage

Danny Jones na MEN Arena (Manchester, Inglaterra).
O show fez parte da *Radio:ACTIVE Tour*, em 2008.

Up Close... And This Time It's Personal Tour (2009)

Novamente com a intenção de apresentar os shows da banda em locais menores, o McFly saiu na turnê que começou no dia 21 de abril de 2009, em Wolverhampton, e terminou dia 21 de setembro de 2009 em Amsterdã (Holanda). Durante essa temporada, os garotos visitaram a América do Sul, passando por Argentina, Chile e Brasil. O México também estava na agenda de shows, porém, com a epidemia de gripe suína, a passagem por lá foi cancelada. Nas apresentações no Reino Unido, David Archuleta os acompanhou para as aberturas dos shows. Quanto à *setlist*, o McFly tocou em algumas apresentações "That Girl" no lugar de "The Promise", *cover* da *girl band* Girls Aloud.

Setlist
1. One For The Radio
2. Everybody Knows
3. Do Ya
4. Obviously
5. Transylvania
6. Corrupted
7. Falling In Love
8. Room On The 3rd Floor
9. Down Goes Another One
10. Star Girl
11. The Promise (*Cover* da Girls Aloud)
12. POV
13. All About You
14. The Last Song
15. Lies
16. 5 Colours In Her Hair

Before The Noise Tour (2010)

Esta turnê aconteceu durante a pré-produção e divulgação do álbum *Above The Noise*, quando a banda já estava de volta à Island/ Universal Records. Começou no dia 18 de outubro de 2010, em Southampton, e terminou no dia 10 de fevereiro de 2011 em Bruxelas (Bélgica). Sem decorações e ornamentos no palco, não houve gravação de DVD, porém alguns vídeos foram disponibilizados no portal Super City. Durante os shows, o McFly mostrou a seus fãs uma nova fase musical, inclusive modificando o ritmo de parte de músicas muito conhecidas e antigas, como "5 Colours In Her Hair". Houve também um *cover* de Taio Cruz, com quem os garotos produziram "Shine a Light", parte do álbum que seria lançado.

Setlist 1
1. Party Girl
2. Nowhere Left To Run
3. 5 Colours In Her Hair
4. iF U C Kate
5. I Need a Woman
6. Lies
7. Falling In Love
8. Star Girl
9. Dynamite (*Cover* do Taio Cruz)
10. End Of The World
11. Friday Night
12. Too Close For Comfort
13. All About You
14. I'll Be Your Man
Encore:
15. One For The Radio
16. A Whole New World (*Cover* de Peabo Bryson & Regina Belle)
17. Shine a Light

McFly toca no Civic Hall (Wolverhampton, Inglaterra). O show fez parte da *Up Close... And This Time It's Personal Tour*, em 2009.

Steve Thorne/Redferns

Setlist 2
1. Party Girl
2. Nowhere Left To Run
3. iF U C Kate
4. That's The Truth
5. Transylvania
6. Lies
7. Corrupted
8. Falling In Love
9. All About You
10. Obviously
11. I Need a Woman
12. End Of The World
13. Smile
14. Star Girl
15. 5 Colours In Her Hair
16. Pass out (*Cover* do Tinie Tempah)
17. The Last Song
18. One For The Radio
19. The Heart Never Lies
20. Shine a Light

Above The Noise Tour (2011)

Para divulgar o quinto álbum, *Above The Noise*, e o novo e moderno portal, Super City, a banda iniciou a turnê no dia 18 de março de 2011, em Sheffield, e terminou no dia 28 de agosto de 2011, em Surrey. Foi a primeira turnê em que os garotos viajaram pelo mundo, mostrando um novo momento do McFly e, ainda assim, recebendo inúmeras críticas positivas. Entre os países visitados, o Brasil estava pela terceira vez na agenda. Além das variações de *setlist* de acordo com o país/ cidade (o que provocou certa rivalidade, principalmente entre fãs brasileiros e argentinos), no Reino Unido houve grande interação entre a banda e o público, como o canhão que atirava camisetas para os fãs durante "5 Colours In Her Hair" e as bolas gigantes que foram lançadas ao público com os emblemas do Super City de cada membro da banda. Ainda buscando promover o portal, o show de Wembley foi filmado e transmitido em tempo real via web, pelo Super City, somente para os membros cadastrados. Foi também nesta apresentação que, durante a performance de "Smile", o pai do guitarrista e vocalista Tom Fletcher fez uma participação que agradou imensamente a todos os fãs.

Setlist
1. Party Girl
2. Nowhere Left To Run
3. iF U C Kate
4. That's The Truth
5. Too Close For Comfort (apenas em shows internacionais)
6. Transylvania
7. Lies
8. Corrupted
9. Falling In Love
10. Obviously
11. All About You
12. I Need a Woman
13. End Of The World
14. Point Of View
15. Smile
16. Not Alone (apenas em alguns países)
17. Star Girl
18. 5 Colours In Her Hair
19. Pass Out (apenas em shows no Reino Unido)
20. Walk In The Sun / Down Goes Another One / Home Is Where The Heart Is / Unsaid Things / Not Alone / Little Joana (apenas nos shows da Argentina e do Japão)
21. The Last Song (apenas em shows no Reino Unido)
22. One For The Radio
23. The Heart Never Lies
24. Shine a Light

Caitlin Mogridge/Redferns

McFly toca no Bournemouth International (Inglaterra).
O show fez parte da *Above The Noise Tour*, em 2011.

The Keep Calm and Play Louder Tour (2012)

A turnê *The Keep Calm and Play Louder* teve trinta shows, começando no dia 7 de março de 2012, em Portsmouth, e terminando dia 21 de abril de 2012, em Manchester. A surpresa da *setlist* era a presença das músicas inéditas "Do Whatcha", "Red" e "Touch The Rain", que supostamente farão parte do sexto álbum de estúdio do McFly, previsto para ser lançado em 2013. Durante a turnê, vídeos dos bastidores foram disponibilizados no Super City, além do show completo realizado no dia 7 de abril, no HMV Hammersmith Apollo, em Londres. O diferencial da turnê foi a organização de festas depois dos shows, em que os assinantes do Super City tinham entrada prioritária e tratamento VIP (com inscrição prévia na área de eventos do site para ter o nome na lista) e com direito a um acompanhante – não necessariamente assinante do portal. As festas tinham Danny como DJ na atração principal e eram apenas para maiores de 18 anos.

Setlist
1. Nowhere Left To Run
2. One For The Radio
3. Star Girl
4. I Wanna Hold You
5. Transylvania
6. Do Watcha
7. Broccoli
8. Lies
9. Red
10. Sorry's Not Good Enough
11. She Falls Asleep
12. POV
13. Down Goes Another One
14. Obviously
15. All About You
16. Touch The Rain
17. No Worries

18. Everybody Knows (Com medley de It's Alright / Livin' On a Prayer / We Found Love / Year 3000 / What Makes You Beautiful / Another One Bites The Dust / Somebody That I Used to Know / I Wanna Dance With Somebody)
19. 5 Colours In Her Hair

Encore:

20. Walk In The Sun
21. Shine a Light

Em alguns shows, os rapazes tocaram *Don't Stop Me Now* (*cover* do Queen) no lugar de "She Falls Asleep".

An Evening With McFly (2012)

Apesar de curta, esta foi a primeira turnê do McFly nos Estados Unidos. Foram realizados apenas quatro shows: nos dias 7 e 10 de setembro em Los Angeles, no Roxy Theatre, e nos dias 13 e 14 em Nova York, no Gramercy Theater. Foi a primeira vez que a música *Love Is Easy* foi tocada para o público. A banda aproveitou a estadia nos Estados Unidos e fizeram mais uma tatuagem em conjunto, cada um tatuando uma letra de "YMCA"*.

Setlist

1. Nowhere Left To Run
2. One For The Radio
3. Star Girl
4. Shine a Light
5. Lies
6. Red
7. Love Is Easy
8. Obviously
9. All About You

* "YMCA" é a abreviação de *Young Men's Christian Association* (em português: Associação Cristã de Moços ou Associação Cristã da Mocidade). Uma organização que visa ao desenvolvimento espiritual, intelectual e físico dos jovens. Ficou famosa pela canção de mesmo nome do grupo Village People. [N. E.]

10. I Wanna Hold You
11. I Need a Woman
12. Touch The Rain
13. Everybody Knows (Com medley de It's Alright / Living On a Prayer / We Found Love / What Makes You Beautiful / Somebody That I Used To Know / I Wanna Dance With Somebody)
14. 5 Colours In Her Hair
15. Walk In The Sun
16. Twist and Shout (*Cover* do The Top Notes)
17. The Heart Never Lies

Memory Lane: The Best of Tour (2013)

A turnê do novo álbum pelo Reino Unido começa dia 19 de abril de 2013, em Swindon, com shows até o dia 18 de maio na Wembley Arena. Depois de um intervalo, eles voltam aos palcos para um show no dia 30 de agosto de 2013, no Scarborough Open Air Theatre.

6
McFly no Brasil

McFly Arena Tour (2008)

Com o crescente sucesso do McFly no Brasil, era inevitável que em pouco tempo eles aterrisassem no país. A primeira passagem aconteceu em 2008, com a *McFly Arena Tour*.

A banda não sabia ao certo o que esperar, mas bastou colocarem os pés em terras tupiniquins para perceberem o amor e a dedicação dos fãs brasileiros. Com o voo previsto para chegar de madrugada, a partir da tarde do dia anterior o Aeroporto Internacional de Guarulhos já tinha grande movimentação de fãs à espera dos ídolos. Devido ao número elevado de pessoas, a produção da banda preferiu sair pelos fundos, para evitar confusões, mas nada que os fãs não conseguissem driblar. O plano logo foi descoberto, e alguns conseguiram ir até o local de saída do McFly, que foi atencioso com todos. Ainda no primeiro dia que passaram em São Paulo, os garotos receberam vários fãs no hotel em que se hospedaram.

Animados com a calorosa recepção, os quatro retribuíram o carinho dando o melhor de si nos palcos. A cidade de Curitiba foi a primeira a receber um show da banda, no dia 6 de outubro, na casa de shows Master Hall.

Já em São Paulo, a demanda era tão grande que foi preciso marcar uma data extra. O McFly se apresentou na capital paulista nos dias 8 e 9 de outubro, no Via Funchal. Fechando a turnê brasileira, o último show foi no Rio de Janeiro, no Vivo Rio.

Durante a estadia no país, o McFly também participou de programas televisivos. A apresentação no programa *Domingão do Faustão*, da Rede Globo, era a mais esperada pelos fãs, visto que foi a maior visibilidade que o McFly teve por se tratar de uma atração de um canal aberto.

Um dos pontos altos da passagem pelo Brasil foi a gravação do especial de aniversário de oito anos do programa *Altas Horas*, em Porto Alegre e, principalmente, a visita à MTV, na qual uma aglomeração de fãs parou a entrada da emissora, lotando a rua.

Os garotos do McFly gostaram tanto da primeira experiência em terras brasileiras que posteriormente a viagem foi lançada em DVD, com várias imagens documentando a estadia deles por aqui. Com o enorme retorno positivo, a banda prometeu voltar o mais rápido possível.

Up Close... And This Time It's Personal Tour (2009)

Para a surpresa (e felicidade) dos fãs, os garotos do McFly gostaram tanto da primeira visita ao Brasil que em menos de um ano já estavam de volta. No começo de 2009, a banda anunciou nada mais nada menos que sete shows no país, em seis cidades diferentes, marcados para o mês de maio.

O primeiro show da turnê aconteceu em Manaus, em 21 de maio. A banda depois passou por Fortaleza no dia 23, Recife no dia seguinte (24) e em Brasília no dia 26. A capital paulista foi a única cidade privilegiada que recebeu dois shows do McFly, nos dias 28 e 29. O Rio de Janeiro recebeu os britânicos no dia 30, e a turnê foi encerrada em Porto Alegre, em 2 de junho.

A *Up Close... And This Time It's Personal Tour* foi a turnê de maior duração no Brasil. Os ingleses aproveitaram para se aventurar em Manaus: nadaram com botos e até brincaram com macacos, alimentando-os.

O McFly participou do programa *Domingão do Faustão* pela segunda vez, tocando "Falling In Love", "One For The Radio", "Lies" e "Do Ya". A aparição que precisou de mais trabalho da banda foi a participação no programa humorístico *Casseta & Planeta, Urgente!*, tocando em uma rua no Rio de Janeiro. A gravação contou com a presença de diversos fãs.

No dia 27 de abril, em São Paulo, o McFly deu sua primeira entrevista oficial a um site internacional de fãs, o McFly Addiction. Por intermédio da gravadora do grupo, naquele ano a EMI, devido a um

Flavio Moraes/Fotoarena/LatinContent/Getty Images

Na segunda vinda ao Brasil, o McFly toca no Via Funchal em São Paulo (28/05/2009).

breve desligamento com a Universal Music, os integrantes do site conseguiram assistir à entrevista dos ingleses na sede do Terra, que foi transmitida ao vivo pela internet e, logo depois, fazer perguntas aos meninos que os próprios fãs tinham enviado anteriormente.

O McFly estava ansioso para tocar para o público de São Paulo nos shows que aconteceriam nos dias seguintes, pois eles mesmos admitem se tratar de um dos melhores e mais animados públicos do mundo. E não puderam esconder isso durante a entrevista. Apesar de muito cansado e sonolento, o grupo foi atencioso do começo ao fim e respondeu a todas as perguntas de forma muito divertida e também profissional – mesmo quando perguntaram ao Danny se ele gostaria de ter ficado em Manaus, depois de ter feito amizade com outras espécies. "Você está me dizendo que eu deveria ter ficado lá com os macacos?", ele disse alto. "Eu me dou bem com eles", admitiu, "eles ficam tão à vontade que até fazem xixi em mim". Tom Fletcher atacou: "Porque eles compreendem que são mais inteligentes do que você".

Como primeiro grande contato do McFly com os fãs brasileiros, o site presenteou o grupo com cachaça baiana e camisetas personalizadas. A entrevista que deveria durar apenas quinze minutos se estendeu por mais de uma hora, e o vídeo está disponível no site do McFly Addiction. A banda não queria finalizar, mesmo quando chamados para o próximo compromisso na agenda. "Vou atender à outra entrevista pelo telefone aqui mesmo na sala", disse Harry, "assim a nossa pode continuar". E os garotos gostaram tanto do Brasil que acertaram boa parte das perguntas sobre o país. Presidente, capital e jogadores de futebol foram as mais rápidas. Porém, achavam que por aqui a gente usava dólar brasileiro: "No restaurante nos pediram pra pagar em dólar", disse Dougie.

Above The Noise Tour (2011)

Apesar das boas experiências e do enorme carinho recebido dos fãs, o McFly passou 2010 sem dar as caras no Brasil. Apenas em 2011 a banda anunciou a volta ao país, novamente para o mês de maio. Assim como nas outras duas vezes, o McFly chegou e logo foi recebido por vários fãs no aeroporto.

Promovendo o último disco lançado, *Above The Noise*, a banda aproveitou a oportunidade para testar pela primeira vez as vantagens promovidas pelo site oficial, Super City. A rede social feita para os fãs do McFly contava com algumas regalias para os que possuíam conta paga, como pré-venda de ingressos, mas o chamado *Meet & Greet* era a opção mais desejada entre os fãs.

Belo Horizonte foi a primeira cidade em que a produção testou o sistema do *website*. No dia 20 de maio, os assinantes do Super City tiveram a oportunidade de participar do *Meet & Greet* e conhecer e tirar foto com o McFly antes de a banda entrar no palco.

Em 21 de maio, mais de setecentos fãs foram atendidos pela banda no Rio de Janeiro. Como de costume nos shows brasileiros, o McFly alterou um pouco algumas músicas, em homenagem aos brasileiros, como na faixa "Smile", em que Tom cantou "*You just got to be Brazilian*" (Você só tem de ser brasileiro), em vez de "*happy*" (feliz) e "Falling In Love", que Danny cantou "*Wishing I could be in Rio de Janeiro*" (Desejando que pudesse estar no Rio de Janeiro), em vez de "*California*".

Mesmo sendo começo de semana, os fãs lotaram os shows em São Paulo. Nos dias 23 e 24, os paulistas também tiveram a chance de chegar perto dos ingleses. Mas a banda e a produção não contavam com o enorme número de pessoas que possuíam entrada para o *Meet & Greet* na primeira data. Mais de mil pessoas esperavam ansiosas em fila do lado de fora. Foi preciso atendê-los antes e depois do show para que todos pudessem ter a oportunidade de ficar cara a cara com o McFly.

Já no dia 24, não houve problema com a quantidade de pessoas que teriam acesso à banda antes da apresentação. Precisando de aviso prévio via e-mail, cerca de cem pessoas receberam ingressos para o *Meet & Greet* assim que entraram na casa de shows, com carteirinha do fã-clube ou confirmação impressa de inscrição. O diferencial ficou por conta do espetáculo musical. Depois de muita insistência, o McFly se rendeu à vontade dos fãs: após sair do palco e fingir que o show havia terminado, a banda voltou e tocou uma das músicas antigas, "Too Close For Comfort", um dos pontos altos da noite.

A segunda apresentação em São Paulo também teve outro marco importante: tudo foi registrado por várias câmeras e o show inteiro foi disponibilizado no site oficial.

Um fato inusitado em ambos os shows veio de uma ideia do baixista: Dougie pediu todas as fãs paulistas em casamento. Tom fez o papel de padre e realizou as duas enormes cerimônias, já que não houve resposta negativa da plateia. O show do dia 24 ainda foi marcado pelas brincadeiras dos ingleses no palco. Bastou um saco de *marshmallows* para os quatro se divertirem tentando pegá-los no ar com a boca e jogando alguns para as pessoas que assistiam ao show.

Tocar algo mais antigo em São Paulo inspirou os quatro integrantes da banda e, em Porto Alegre, no dia 26, também atendendo a pedidos, tocaram não apenas "Too Close For Comfort", mas também "Broccoli", "Not Alone" e "She Left Me".

A maior expectativa nessa terceira visita era como o novo álbum, *Above The Noise*, iria soar ao vivo, pois possui um estilo mais eletrônico do que os CDs anteriores. Mas o McFly não decepcionou e manteve o ritmo rock de sempre.

Nessa terceira visita, a banda participou pela segunda vez do programa *Altas Horas*, tocando "Party Girl", "Falling In Love" e "Shine a Light", além de interagir com a plateia.

*Z Festival** (2012)

A quarta visita ao Brasil foi a menor de todas. Diferente das vezes anteriores, em que o McFly fez shows em várias cidades, sendo a única atração principal, em 2012 eles fizeram parte do Z Festival,

* O Z Festival é um evento musical criado em 2011, destinado à geração Z, composta de pessoas nascidas desde a segunda metade da década de 1990 até os dias de hoje. [N. E.]

com DJ Torrada, Rock Bones, Yellowcard, Hot Chelle Rae, Big Time Rush, Demi Lovato e The Wanted.

Divido em três dias, o festival foi realizado no Rio de Janeiro nos dias 28 e 30 de setembro, no HSBC Arena, e em São Paulo no dia 29 de setembro, na Arena Anhembi.

O McFly se apresentou na capital carioca no dia 28, sendo todos os shows da noite transmitidos ao vivo pelo canal Multishow.

Além de tocar a música inédita "Love Is Easy", a banda surpreendeu a plateia com uma série de *covers*: "Living On a Prayer", do Bon Jovi, "We Found Love", da Rihanna, "Somebody That I Used To Know", do Gotye, "I Wanna Dance With Somebody", da Whitney Houston e "What Makes You Beautiful" da *boy band* One Direction. Danny ainda brincou com a guitarra, tocando uma pequena parte de "Garota de Ipanema", mas o que os fãs não esperavam era a clássica "No Worries", incluída no repertório após a banda receber o mesmo pedido de vários fãs desde que colocaram os pés em solo brasileiro.

Em São Paulo, todos os artistas se apresentaram no mesmo dia, divididos entre dois palcos, Zig e Zag. O McFly foi a penúltima apresentação do palco Zag e uma das atrações mais animadas e interativas do dia. Seguiram o mesmo repertório da noite anterior, sem surpresas.

A estadia da banda no Brasil durou poucos dias. Na maior parte do tempo, Tom e Danny ficaram no quarto de hotel, trabalhando em uma música para a banda One Direction. Os quatro também aproveitaram o tempo livre para descansar na beira da piscina do hotel e passar alguns minutos na praia. Um fato curioso (e engraçado) enquanto estavam no Rio foi protagonizado por Dougie: o caçula da banda contou em seu perfil no Twitter que ficou preso na varanda do quarto do hotel apenas de cueca e precisou gritar por ajuda.

Apesar de terem chegado na quinta-feira, dia 26, deixaram o país no domingo, dia 30, mas não antes de darem atenção e se despedirem dos fãs que os esperavam na entrada do hotel em que se hospedaram. Durante o show e em entrevista, prometeram voltar ao Brasil no ano seguinte com a nova turnê.

Eduardo Anizelli/LatinContent/Getty Images

Show do McFly no HSBC Brasil, em São Paulo (23/05/2011).

Este livro foi composto nas fontes Adobe Garamond Pro, TheMix-Plain e TheMixBold-Plain, e impresso em papel *Offset* 75g/m² na Intergraf.